高校教育教学与管理研究

刘 晶 刘 玮 张明明 著

吉林摄影出版社
·长春·

图书在版编目（CIP）数据

高校教育教学与管理研究 / 刘晶，刘玮，张明明著. -- 长春：吉林摄影出版社，2022.11
ISBN 978-7-5498-5558-2

Ⅰ．①高… Ⅱ．①刘… ②刘… ③张… Ⅲ．①高等学校－教育管理－研究 Ⅳ．① G640

中国版本图书馆 CIP 数据核字（2022）第 198863 号

高校教育教学与管理研究
GAOXIAO JIAOYU JIAOXUE YU GUANLI YANJIU

著　　者	刘　晶　刘　玮　张明明
出 版 人	车　强
责任编辑	尹成佳
封面设计	文　亮
开　　本	787 毫米 ×1092 毫米　1/16
字　　数	220 千字
印　　张	10
版　　次	2022 年 11 月第 1 版
印　　次	2023 年 1 月第 1 次印刷
出　　版	吉林摄影出版社
发　　行	吉林摄影出版社
地　　址	长春市净月高新技术开发区福祉大路 5788 号
	邮编：130118
网　　址	www.jlsycbs.net
电　　话	总编办：0431-81629821
	发行科：0431-81629829
印　　刷	河北创联印刷有限公司
书　　号	ISBN 978-7-5498-5558-2　　定　价：74.00 元

版权所有　　侵权必究

前　言

　　随着时代的进步与发展，社会各领域发生了重大变化，高校教育教学管理也不例外。教育大众化背景下，社会和国家对高校教育教学管理质量提出了越来越高的要求，因此，面对全新的发展形势，高校加强对教育教学管理观念的变革与创新是非常必要的。高校在朝着现代化方向发展的同时，要提升人才培养的质量，从而满足社会发展对优秀人才的需求。本书从教学管理观念、管理制度、管理体系以及评价体系等多个方面探讨高校教育教学管理观念变革的实践创新，希望能够为相关专业人士带来一定的参考与借鉴。

　　在教育改革过程中，作为学生进入社会前的核心教育阶段，高校教育受到了人们的广泛关注，但是当前的高校教育本身存在不少问题，而且面临着许许多多的挑战，尤其是社会方面的考验，给高校教育带来了较多的压力。为了合理应对新时期的挑战，实现更加完善、合理的教育流程，高校应当对自身的教学方式进行调整，并对基础的教学管理观念加以改革，以持续完善基础教育思想认知，逐步培育高素质的社会型人才。由于传统的高校教育忽视了学生其他方面素质的成长，尤其是社会实践方面的教育，导致学生的综合素质有所欠缺。因而，新时期的高校教育教学改革，应当以学生的综合素质培育作为主要方向，逐步优化基础教学模式，注重采用全新的生本教育理念，提高学生的学习质量。

　　在当前时代的发展中，社会对人才的需求发生了很大的变化，许多企业在招收人才的时候，不再过于关注学生的基础学科知识，而是对他们的综合素质有着较高的关注度。在这种情况下，高校应当迎合当前市场人才需求的变化，积极优化基础教育教学管理体系，努力形成全新的教学实践方式，逐步建立完善的教学管理机制，进而推动高校教育教学的健康发展。

目 录

第一章 高校教育教学概述 ... 1
- 第一节 教育教学方法问题及创新 ... 1
- 第二节 高校教育教学质量提升路径 ... 3
- 第三节 高校教育教学改革的动力机制 ... 7
- 第四节 高校教育教学督导的实践与发展 ... 10
- 第五节 现代信息技术与高校教育教学深度融合 ... 13

第二章 高校教育教学创新研究 ... 16
- 第一节 高校形势与政策教育教学模式创新 ... 16
- 第二节 以人为本推进高校教育教学管理创新 ... 21
- 第三节 教育机制在高校艺术设计教学中的应用与创新 ... 24
- 第四节 高校法制教育教学模式创新 ... 27
- 第五节 Web2.0时代高校教育教学的创新 ... 31
- 第六节 基于高校教学改革的教育教学协同创新 ... 35

第三章 高校教育教学管理理论研究 ... 43
- 第一节 高校教育教学管理现状 ... 43
- 第二节 高校教育教学管理观念 ... 45
- 第三节 高校教育教学管理信息化 ... 48
- 第四节 新媒体在高校教育教学管理中的应用 ... 51
- 第五节 就业观视域下的高校教育教学管理 ... 56
- 第六节 高校教育教学管理创新要以人为本 ... 59
- 第七节 高校教育教学改革研究项目过程化管理 ... 62

第四章 高校教育教学管理模式探究 ... 66
- 第一节 高校公共机房管理模式 ... 66

第二节　高校研究型教学模式 69
   第三节　高校实验室管理及教学模式 74
   第四节　中国高校教育营销管理模式 78
   第五节　高校开放教育教学管理模式 83
   第六节　高校教学档案管理的创新模式 85
   第七节　高校导师制与学长制教育管理模式 90

第五章　高校教学管理创新研究 93
   第一节　高校教学管理创新存在的问题 93
   第二节　高校教学管理创新的必要性 96
   第三节　网络时代高校教学管理的创新 100
   第四节　高校教学管理创新发展探索 105
   第五节　大数据背景下高校教学管理创新 108
   第六节　"慕课"背景下的高校教学管理创新 110
   第七节　基于教学学术的高校教学管理创新 116
   第八节　基于知识管理的高校教学管理创新 121

第六章　高校教学管理的实践应用研究 126
   第一节　办公自动化在高校教学管理中的应用 126
   第二节　高校教学教务管理的信息化应用 128
   第三节　高校两级教学管理模式在排课中的应用 130
   第四节　人文关怀在高校教学管理中的有效应用 133
   第五节　高校教学管理中激励理论的应用 135
   第六节　OA系统在高校教学管理中的应用 138
   第七节　高校教学管理中计算机技术的应用 140
   第八节　社交软件在高校教育教学管理中的应用 143
   第九节　案例教学在高校工商管理专业教学中的应用 147

参考文献 150

第一章　高校教育教学概述

第一节　教育教学方法问题及创新

知识作为无形的生产力为社会创造了极大的财富，也促进着人类社会的进一步发展，而人作为社会的主体，其发展状况在受社会发展情况制约的同时也反作用于社会的发展。所以要想保证社会处于不断进步的状态，就需要通过教育培养出具有高素质、高能力的创新型人才，为社会创造出更大价值。要想达成这一目的，高校在进行教育教学的过程中就必须做出调整。本节针对我国高校教育教学的现状对创新型教学理念做简单的研究，对如何改善教学方法提出简单论述。

进入 21 世纪后，我国的经济、政治、文化、科技都处于飞速发展状态，在这种发展形势下，社会和国家对高校教育教学提出了较高的要求，为了确保高校培育的人才能够满足社会的需求，高校在教育教学的过程中也做出了相应的改革，为了确保高校学生具有较好的专业知识、较强的身体素质和心理素质，高校在教育教学过程中不仅完善了理论教学模式，还通过各种教学活动改善了实践教学内容。高校在着重培养学生动手能力的同时，也在进一步引导学生如何在未来的生活、工作中将所学知识转化成具体操作，使学生在完善个人价值的同时，也能为社会创造更多的经济效益。所以，如何培养具有高素质和创新思维的人才，是高校现在面临的主要问题，要想确保高校的教育教学质量，还需要从学校自身的发展状况入手，实事求是，找出创新教学的方式。

一、高校教育教学中存在的问题

教学内容过于保守。现在我国各高校沿用的教学内容都是学校成立之初设立的，在多年的教育教学过程中，虽然也做出了相应的修改，教学内容的分布也较为合理，但是在实际的教育教学过程中还存在较多的不足。例如，不同专业中教材内容的组合不符合时代教育的要求，教材知识传授的先后顺序也缺乏一定的考量，使学生在学习的过程中出现知识脱节现象。现在的高校，其教育教学方式一直是以书本为主，多媒体设备为辅；

以教师教为主，学生主动学习为辅。"填鸭式"教学依旧是影响高校教学效率提升的主要因素。

人才培养与社会需求相脱节。就业率是衡量一所大学教学是否成功的标准。每年高校毕业季之后我国教育管理部门都会对高校学生的就业率做出调查，虽然近年来各高校的就业率得到了很大的提升，高校学生也很少出现就业难的问题，但是这并不代表每一位高校毕业生都找到了一份适合自己的工作，也并不代表每一个企业都获得了适合本企业发展的优秀人才，很多学生毕业后从事的工作与自己在大学里学的专业并不匹配，这一现象是社会发展现状造成的，同时也是高校教育教学方式造成的，更是学生个人的发展状况造成的。对于一些学习能力较差的学生来说，学习自己并不感兴趣的知识是一件难事。有很多学生所选的专业并不是自己期望的，也不是自己擅长的，因而在进行专业进修的过程中，难免会出现懈怠心理。学校在教授这部分学生专业知识的时候也很费力，加之每位教师的教学方法不同，教学能力也有差别，使得这部分专业的学生在学习过程中根本没有能力去熟练掌握专业知识，导致个人专业素质得不到提高，无法满足社会对此类专业人才的需求。

学校教学管理方式陈旧。在高校教育教学过程中，学校一直要求教师规范教学，统一教学，在确保教学活动具有有效性的同时，也保证教学内容符合教育需求，但是在实际教学过程中，这两项内容似乎并不能进行完美结合。保证教学的规范性和统一性就是要求教师按照传统的教学方式传授学生所需的知识，教学活动只能固定在课堂上，固定在多媒体设备中。教师一旦按照这种教学管理目标进行教学活动，教育教学的效率就很难得到提高，因为在此过程中，教师和学生的思维都受到了限制，并不是每位教师都具有丰富的教学经验，能使每堂课的知识传授都达到期望的标准。在这种教学管理模式下，不论是教师还是学生，都很难发挥主观能动性和创造性。

二、教育教学的创新研究

改善教学指导思想。高校教育教学的指导思想一直是以传授学生专业知识为主，使学生在以后的工作中能够具备相关的专业技能，但是这一教学指导思想在落实的过程中，往往存在着很大的偏差，使得教学成果远远没有期望的好，所以要想保证高校教育教学能够发挥出最大的优势，就必须完善教学指导思想，打破传统教学理念的束缚，要求教师在教学过程中，不仅要以传授知识为主要目标，还要以启发学生自主理解知识为重要目标，激励学生在学习的过程中构建自己的知识框架，教师要在教学过程中合理布置知识研究内容，保证每个学生都能够主动了解所学知识，加深对所学知识的印象，在教师的引导下掌握知识。

教学内容的改革。教学大纲作为教师进行教学活动的指导性文件，其规定的内容不仅是教师要教授的内容，同时也是学生所要学习的内容，所以高校要想对现有的教育教学情况做出改善，首先应该根据实际教学情况，对学生学习的主要内容做出调整。要合理改善教学大纲中的内容，根据时代发展的状况以及学生的学习情况对教学内容做出修改，对于教学大纲中比较落后的教学内容以及不符合时代发展理念的教学内容予以剔除；另外，在制定教学大纲的过程中要本着发展的眼光去看待高校教育教学的变化，最好以阶段性管理为方法，不断更新教学大纲中的内容，保证其能够在特定的时间内发挥出最佳效果。教学内容更新的时间可以根据学校的发展状况来定，也可以根据社会的发展状况来定，最好是以 10～12 年为一个期限，根据每代人的发展需求来调整。只有这样，才能保证学生所学的知识符合社会需求，保证学生获得的知识具有实用性和前瞻性。

深化教学体制改革，完善教学方法。各高校要想适应社会发展需求，保证培养的人才能够为国家、社会创造出更大的经济价值和劳动价值，在教育教学的过程中就必须做出相应的改革，其中较为重要的就是教学体制改革，而教学体制改革的重中之重就是管理体制的变化。如今的高校在办学过程中，学校在进行管理的同时要更加注重"以人为本"，保证教师和学生在工作和学习中都能获得保障，在维护学校与教师、学生间的关系的时候，充分地发挥管理制度的公平性和人文性，处理好个体与集体的关系，保证学校能够为学生提供和谐舒适的学习环境，能够为教师提供公平合理的竞争平台，通过结合相应的管理制度使教师在教学的过程中更加注重自己的教学成果，在教学方式上不断做出调整，保证教学方法的高效性。

学校不仅是学生获取知识的地方，更是学生提高个人素质、完善个人能力的殿堂。学校要想使教育教学活动发挥出优势，就要在教育教学过程中让学生进一步明确知识的重要性，要以积极的方式去引导学生，让学生明确，知识是提升一个人生命价值的手段，在知识经济时代，学生要想实现人生价值，就要继续学习，利用知识武装自己，这样才能在步入社会后，找到自己奋斗的方向。

第二节　高校教育教学质量提升路径

高校的发展与教育教学质量息息相关，在现代社会快速发展转型的关键时期，教育教学质量已成为高校生存和发展的生命线。党的十九大报告对如何发展、推进教育事业做了重要表述，提出建设教育强国的战略任务，为教育事业的发展指明了方向。高等院校应紧抓质量发展这一生命线与风向标，探究影响教育教学质量的各种因素，有针对性地探索高校发展之路。

党的十九大报告提出建设教育强国是中华民族伟大复兴的基础工程，必须把教育事业放在优先位置，加快教育现代化，办好人民满意的教育。加快一流大学和一流学科建设，实现高等教育内涵式发展，是当前中国特色社会主义事业建设的重心所在，同时也是党和国家对我国高等教育提出的明确要求。我们要以习近平新时代中国特色社会主义思想为指导，深入贯彻落实党的十九大精神和习近平总书记在全国教育大会上的重要讲话精神，发展高等教育事业，构建高校教育教学质量保障体系，提升教育教学质量。这既是当前我国高校发展的目标与愿景，也是高校教育教学的核心要务。

一、影响高校教育教学质量的因素

研究现状。对高校的教育教学质量影响因素进行研究，既要从我国发展的实际出发，又要借鉴优秀的研究成果，并以优秀的研究成果作为高校教育教学体系构建的基点与抓手，同时为高校教育教学质量保证体系的执行落实提供借鉴参考，提升高校教育教学质量保证体系的实效性与科学性。

国外学者对高校教育教学质量影响因素的研究。美国斯坦福大学教授李·舒尔曼（Lee Shulman）指出，影响高校教育教学的因素是多样化的，在教育教学过程中，教师、学生、课程是主要的影响因素，教师层面主要指教师的思想观念、研究能力对教学内容、学术活动、教学活动的影响；学生层面则指外界环境对学生判断力、思维养成、习惯感知、思想观念等的影响；在课堂层面，李·舒尔曼课堂是教师与学生联系的桥梁与纽带，教师的教学活动直接影响着学生的能力。国外学者迈克尔·邓金（Michael J.Dunkin）指出，预知（教师的教育教学经历和体验、专业成长历程及专业认同度）、环境（学生的成长环境、学校环境、社会环境）、过程（课堂教学组织与学生评价）、产出（学生人格成长及变化）是影响高校教育教学质量的主要因素。

国内学者对高校教育教学质量影响因素的研究。北京大学王义遒教授指出，不良社会风气、学生规模快速增长、师资力量不足、教学硬件设施欠缺、学制缩减、教学目标定位不当、管理不到位等是影响高校教育教学质量的主要因素；同时他强调社会风气，即教风、学风是最大的影响因素。广西师范大学周琨武、黄敏认为教育教学质量是多项指标的综合反映，其影响因素主要有教师因素，即教师学识与师德；学生因素，即生源状况、思维与创新能力、学习态度等；教育技术因素，即多媒体等现代化教育设施不齐全，教师操作方法不熟练；课程结构因素，即课程结构不合理；教学管理因素，即高校内部各项管理状况不乐观；教学设施因素，即教学设备、图书资料、实验仪器储备不足；实践教学因素，即实践教学落实不到位。洛阳大学董延寿指出，影响我国高校教育教学质量的主要因素在于教育经费投入不足，学校领导过于重视外部规模建设，忽视了整体教育教学质量的提升，在大众化教育教学背景下，生源质量有所降低，教学设施不完备，教学条件有待提升，质量评价体系不完善。

综上所述，国内外学者主要从教师、学生、教育过程等方面入手，对高校教育教学质量的影响因素进行了探索，为本节的研究提供了有价值的理论依据。虽然多数学者侧重于教与学两方面，但影响高校教育教学质量的原因很多，各个环节、各项因素都有可能影响教育教学质量，因此，笔者从教师、学生、课程、教学资源等方面出发，探讨影响高校教育教学质量的因素，以期强化本研究的客观性与全面性。

教师因素。教师是教育教学活动的组织者、实施者，其水平直接关系着教育教学的质量。在大众化教育发展趋势下，高校扩招趋势明显，师资配备情况不及学生规模扩大之速，导致师资力量薄弱，教学活动负重前行。教师的学术背景、教育能力、专业技能等是开展教育教学活动的基础，但一些教师忽视了对自身知识与技能的更新与补充，很难适应快速发展的高校教育教学要求；另外，有些高校将教师的科研成果作为评价指标，导致教师只专注于科研工作，忽视了教育教学工作的开展，敷衍各项教育教学工作，高校教育教学质量的提升需要教师的全程参与，有些教师却因忙于学术研究及参与社会活动，极少愿意带课，导致高校授课师资不足。

学生因素。学生是教育教学的主体，更是教育教学质量的决定性因素，学生自主学习意识与能力直接影响着教育教学的整体质量，尤其是在高校扩招背景下，录取门槛的降低在一定程度上影响了生源质量，越来越多的学生进入大学校园后，其知识储备、学习能力各异，无形中加大了教学的难度。在应试教育的影响下，进入高校的学生仍然固守被动接受知识的习惯，创新思维有待开发；另外，有些学生认为进入大学后课业压力不大，只要保证不挂科能够拿到毕业证即可，因此，学生日常学习态度不端正，学习目标浅显化，迟到、早退现象极多，严重影响了高校教育教学质量的提升；还有些学生觉得当下面临的就业压力极大，在校期间将精力集中于考取各种证书上，无法顾及正常的课程学习，导致高校教育教学质量下降。

课程因素。教育教学活动的开展需要通过课程教学来实现，课程体系、课程结构直接影响着教育教学质量的提升。当前，高校的课程体系构建普遍不完善，教学内容偏向于记忆性的理论论述，缺乏创新性教学内容，教材内容更新速度与社会发展需求脱节，难以有效培养学生的创新思维和创新能力，且专业课程建设侧重于学科特征而忽略了学科的交叉性，不利于培养复合型人才。

教学资源因素。教育教学资源包括教育经费、教学设备、实验仪器、图书资源、教学条件等软硬件设施。近年来，国家不断加大高校软硬件设施的投入力度，新媒体教室、语音教室、实验楼等不断改扩建，多媒体设备、实验设施、图书资源不断扩充，但学生规模也在快速扩充，导致学校在软硬件教学资源的投入上仍显滞后。

其他因素。高校教育教学活动是一项系统、复杂的工程，包括诸多内容与环节，各内容和环节都与教育教学质量紧密相关。对教育教学质量的影响除了上述因素外，还包括校风学风建设、实习实践机会、学术研究环境、教学管理理念与管理制度、学校日常管理状况、社会的支持与帮助等内外部因素。

二、提高高校教育教学质量的措施

强化师资队伍建设。教之本在于师，不管何时，教师都是教育教学活动的根本，同时也是保障教育教学质量的决定性力量。在高校扩招的背景下，学生数量激增，导致师资力量不足，教师年龄出现断层。高校应在教师竞争上岗、学生选课选教师的竞争机制下，引入创新机制。譬如，可以让教师挂牌上课，对于选课人数多的教师给予表扬及实质性的奖励，激发教师的教学积极性；可以提高教师待遇，强化教师的教学动力，促使教师全身心地投入教育教学活动中；还可以返聘有丰富教学经验及学术研究能力的离退休教师重返教学岗位，这样不仅可以留住优质的师资力量，还可以让离退休教师对年轻教师的教学工作给予相应的指导，发挥"传、帮、带"作用；同时，高校还应加大对青年教师的培训力度，提升其专业技能及教学能力，以弥补师资不足的问题。

优化专业结构设置。第一，以市场需求为导向，调整专业设置。社会需求是高校人才培养的导向，也是高校教育教学的指南。现代社会信息化、科学化发展迅速，需要的是应用型、创新型、复合型人才，因此，高校在专业结构设置上，应密切把握市场发展动态，强化高校内涵建设，调整学科专业结构，以精品专业打造高校品牌优势，促进教育教学质量的不断提升。第二，基于专业培养目标，完善教学体系。实现培养目标是完善教学体系的目的，高校教育教学讲究知行合一、学以致用。因此，高校在教育教学体系设计上应统筹理论课教学与实践教学的关系及落实力度，针对不同专业的培养目标及发展需要，合理调整理论教学与实践教学的比例，在教学中根据专业特点与培养需求，适时增减教学内容，使其契合现代高校人才培养需求与未来就业创业需求。第三，创新教材内容，促进专业发展。高校可根据学科建设需求更新教材内容，采用新编教材，尤其是财经、理工、农医等发展较快的专业需要使用近三年编制的教材,以使高校教育教学内容始终处于时代发展的前沿。

强化学风教风建设。学风,即教育教学环境。良好的教育教学环境能让学生沉浸在积极的学习氛围中,在潜移默化中激发学生学习的积极性。高校在学风建设上,可从规范考风考纪入手。教育家陶行知将考试作弊的危害归纳为:欺亲师、自欺、违校章、辱国体、害子孙。对于考试作弊问题,高校管理者应加强监管,通过张贴悬挂警示语向学生说明作弊之害,严格把控考试过程,利用电子屏蔽仪屏蔽电子设备信号,加大对学生的教育与引导力度,严惩作弊行为,在全校营造良好的学习氛围。教风是教育教学精神、态度与方法的集合,是教育教学之风气。良好的教风可以带动学风。教师是学生的榜样,"学高为师,身正为范",因此,高校管理者应加强师德师风建设,着力培养教师的教育思想、职业素养。教师也应从自身做起,加强自身知识储备,树立高度的教育责任心与敬业心,对学生有爱心和耐心,认真对待每一堂课、每一个学生,创新教育教学方法,丰富教育教学内容,活跃课堂氛围,努力营造良好的教学风气。优良的教风和学风可以促进教师与学生共同发展,同时可以为高校教育教学质量的提升营造积极的外部环境。

第三节　高校教育教学改革的动力机制

改革开放以来,我国对教育的重视程度越来越高,尤其是高校教育教学改革更是成为教育行业的主要研究方向,但是,由于教育体系本身具有复杂性,着重对整体改革过程中的动力机制进行探讨,将有助于教育行业的有效发展。本节旨在针对高校教育教学改革过程中的动力机制问题,结合外部因素和内部因素的共同作用,通过二者之间相辅相成的关系,促进动力机制在高校教育改革过程中发挥巨大作用。

由于"科教兴国""知识就是力量"等教育理念逐步深入人心,高等学校的教育教学改革已成为社会关注的热点问题。根据相关文献综述和资料查询,各学者将高校教育改革的主要动力机制分为两个方面:其一是外部动力机制,即促进改革进步的显著诱因;其二是内部动力机制,即实实在在的改革基础和关键。只有将这两种动力机制有效地结合在一起,才能有力地促进高校教育教学改革,为我国的社会主义现代化建设培养优秀的人才。

一、高校教育教学改革动力机制的含义解析

所谓机制,其字面意思既可以指有机体的构造、功能及其相互关系,又可以指机器

的构造和工作原理，但是，在本节中它是一种社会学范畴下对领域具体解析的概念，根据相关知识，可以分为推动机制、发展机制、联系机制等。机制的本质是用于描述动力和事物发展过程之间运动、发展的内在联系，而推动机制、发展机制、联系机制这三种机制之间的相互联系，能够有效地促进社会有效力量的形成，从而促进事物在历史长河中的发展和变化；而且，在向积极的方面发展，有助于引导低级别的事物并促使其向高级别的方向发展，因此这一机制在高校教育改革的应用过程中，具有重要意义。高校教育教学改革的动力机制就是这样一种宏观变化的大机制，在外部动力机制的引导作用下，结合内部动力机制这一基础，二者相互借鉴，从整体上推动高校教育教学改革的发展。

二、促进高校教育教学改革发展的动力因素

（一）外部动力因素

高等学校与中学和小学的不同之处就在于其具有相当大的独立性和自由，无论是上课的形式还是学生自主学习的能力、教师的授课方式等，都具有相当的可变性，但是也有人将高等学校，也就是大学称为象牙塔，认为这是一种与社会脱节的环境。实际上高校就是一个系统性的结合体，不仅与内部的学生、教师等发生关系，更与社会上的各种因素有着千丝万缕的联系。就目前来说，我国主要在高校教育教学改革方面借助政府的调控和师生的参与形成了多种具有促进性的动力因素，其中外部因素主要指的是社会环境因素，如政治、经济、文化、科技等在发展过程中对高校提出的新要求，不能忽略的一方面是各高校之间的竞争形成的外部动力。这些外部动力因素都和高校教育教学改革息息相关，并且在政府和社会、教育家、教师、学生等多方参与下，以行政条令作为标准、公众参与作为操作手法来实现、形成一种自下而上和自上而下的，相互结合的改革平台。

科技因素。在现阶段的中国，乃至世界的发展过程中，科技象征着一个国家现代化、力量化的发展水平，因此，科技对于高校教育教学改革具有重要的促进作用和驱动作用。大部分高校在发展过程中，由于经济和科技力量不足，往往在改革的进程中会出现"改革惰性"，教育模式多沿用传统的"填鸭式"教育，只注重对学生知识能力的培养，而忽略了对其实践能力的促进。科学作为一种手动性和操作性极强的动力因素，已经被广泛认知为社会发展的"第一生产力"，从而成为促进整个社会迅速发展的催化剂。那么就必须认识到科学技术在高校教育教学改革中的重要性，只有选择性地摒弃传统教育模式的弊端，借助科技的发展，来改善教育进程中先进要求和落后手段所引发的矛盾。

经济因素。经济是人类在社会生存中必备的物质基础，也是对生活水平、精神层面有效提升的决定性因素之一，因此，它也会对高校教育教学改革产生一定的影响。一方面，

经济为高校教育教学改革提供物质保障，使其在改革进程中不受经济条件的制约；另一方面，高校对经济条件的应用，也将渗透到改革的各个环节中去。例如，高校只有在充裕经济条件的支持下，才能完备各类基础设施，才能有效地改善高校的自然环境、教育环境、生活环境。

人文因素。人文因素主要是由参与高校教育教学改革的多方角色决定的。人们通常的思想水平、价值观念、心理态度等人文性较强的方面对高校教育教学改革具有重要作用。传统只注重知识水平的提升，是片面的，只有将人文情怀和实践能力、操作能力等有效结合在一起，使其在高校改革过程中，各个主体的思想观念焕然一新，才能有效地推动高校教育教学改革。

竞争因素。竞争因素多是来自同一领域不同层次的高校之间，彼此能够形成有利的竞争和合作意识，既能够促进其在优秀方面更大的发展，也能减少其弊端的暴露，并加以改进。辅助以政府、科技、经济、人文等因素来共同促进高校教育教学改革的顺利进行。

（二）内部动力因素

外部动力因素对高校教育教学改革具有一定的推动性和引领性，但仅仅这一方面努力是不够的，只有结合学校内部的教育体制、文化生活等内部动力因素，才能够使改革处于时刻变化的状态之中，实时解决改革中出现的相关问题。

人才因素。高校教育最主要的目的就是为国家建设培养多方位、专业化的人才，因此，人才因素是促进高校教育教学改革的主要内部动力之一。由于生源的扩大和教育水平的提升，越来越多的学生能够进入大学学习，一方面促进了人才的培养，另一方面也预示着我国的高等教育进入了大众化阶段。高校放宽招生要求，学生的质量和能力有可能不会满足学校的要求，因此，大量学生在毕业后就业难，面对这一消极事态，优秀人才的培养成为高校改革的主要出发点。

教育因素。改革就是改掉不好的，向好的方面发展。教育改革是为了将高校教育教学过程中的不良现象清除，促使其整个发展阶段是在社会需要的前提下，朝着优化的方向发展。只有清除现阶段高校教育的弊端，对症下药，将不合常理的方面进行控制或者消除，才能够使高校教育教学改革有意义。

自主因素。自主因素是根据高校在办学过程中具有的办学自主权提出来的，即高校具有自主决策权、执行权、发展权和约束权，但是这些权利需要社会、政府等做出保障，将宏观调控和微观处理的手法相结合起来，促进高校的改革适应社会的发展要求。

（三）内外部动力因素的联系

内部动力因素和外部动力因素相互结合，彼此提供保障，共同作用于高校教育教学改革进程，这是因为自然界中存在的事物离不开外在力量的推动和内在力量的调控，对于高校改革来说，改革的过程既需要国家、政府以及经济、科技等宏观因素的调控，也需要高校结合自身情况，充分发挥内部师生自主性以及教育资源的公平性，实现高校教育教学改革。

综上所述，高校教育教学改革需要紧跟时代步伐，结合外部动力因素和内部动力因素，形成具有协调性的动力机制，无论内外，都要积极做好本职工作，发挥本体的能动性，才能促进高校教育教学改革的成功，为我国人才培养做出巨大的贡献。

第四节　高校教育教学督导的实践与发展

20世纪90年代，我国部分高校开始借鉴基础教育督导机制，建立教学督导机构，高校教学督导逐渐发展，检查、监督、评价、指导和激励等教学督导机制逐步进入高校教学管理，在促进教学改革、加强教学管理、树立教学典范、改进教学工作、提高教学质量等方面发挥着重要作用。首都医科大学教学督导组成立于2002年，它是学校教学质量监控体系的重要组成部分，多年教学督导实践促进了学校教育教学及其管理工作的规范化、科学化、效益化以及青年教师的成长，为学校教育教学质量保障与人才水平提高奠定了坚实基础。

一、基于质量保障的教学督导实践

合理的聘任与薪酬机制助力教学督导稳定有序开展。督导队伍是高校教学督导工作有效开展的人力保障。为保证督导队伍的稳定及其工作的持续性，首都医科大学成立教学督导办公室并挂靠教务处，专门负责督导队伍建设等工作。依据学校人事制度及督导工作条例，学校教务处按照督导聘任程序组织每年的教学督导聘任。一般根据校院两级教学督导工作的实际和需求，合理选聘一批教学及管理经验丰富且具有高级职称的老教师组建高素质的督导专家组。学校教学督导组由兼职退休教师组成，由教务处负责聘任，主管校领导颁发督导聘书。学院原则上以兼职退休教师为主，部分学院也吸纳一些在职教师从事教学督导兼职工作，其督导聘任由学院负责报教务处备案即可。为保证教学督导专家持续的工作热情，学校为督导专家配备专门的办公室和办公设备，划拨专门经费解决督导专家的薪酬问题，表达学校对教学督导工作的重视、肯定与支持。学校还根据督导专家的工作量及工作成效，实时调整薪酬并根据其工作量的大小适当配备一些补充经费来鼓励专家督导工作的积极性和实效性。总之，庄重的聘任仪式和合理的薪酬机制为学校教学督导稳定有序开展提供了保障。

有效的教学督导工作模式助力教学管理规范化与决策科学化。高校教学督导的主要职能是监督检查与指导。首都医科大学教学督导专家通过积极履行督教、督学、督管等工作职能，为学校教学管理的规范化与决策的科学化以及青年教师的健康成长、保证教学效益等方面做出了积极的贡献。

一体化的督教、督学与督管助力教学管理规范化。随堂听课检查是实现督教、督学的主要方式，是检验教师教学质量、检验学生学习效果的重要途径。通过随堂听课，督导专家能结合评教指标，及时发现教师教学过程中存在的问题并有针对性地提出改进建议；通过随堂听课，督导专家能观察医学生的学习风气、学习兴趣、学习状态和学习效果，为学生部门有效管理学生提供依据；通过随堂听课，督导专家还可以从观察课堂教学组织、教师备课、作业批改、指导学生等方面来检查教学管理的基本情况，从而督促校、院两级教学管理机构及其管理人员及时根据督导反映的情况进行调控，促进教学管理规范化。根据教学工作规划与教学实际，学校教务处每学期会确定重点听课任务及听课对象。目前学校听课对象大概分为五类：一是学生评教、同行评教全校排名靠后或评教分数不合格的教师；二是学生教学信息员座谈会或教师教学意见反馈座谈会上反映的一些上课效果不好的教师；三是每年或每学期新引进的教师，需要通过随堂听课来接受督导专家的指导与认可，以确保新教师的教学质量与水平符合学校要求；四是每年拟晋升职称的教师以及每年确定的新承担教学任务的研究生助教；五是根据一个聘期内所有教师被督导专家听课检查而确定的被听课教师。通过随堂听课，一方面督导专家会现场与被听课教师沟通听课情况；另一方面也会实时与教务处、学院（学系或教研室）反馈沟通，确保学校、学院和教师都能及时了解教学一线情况，帮助和指导教师改进教学方式方法，提高教师授课质量和水平。另外，督导专家还积极参与教学大纲审定、课程建设、教学例会、教学工作会、学院教学管理水平检查、医学专业认证等督教、督管工作以及试卷抽检、毕业论文抽检等督学工作来督察医学生学习成效，确保教学管理规范化。

深入一线调研助力教学决策的科学化。为校、院两级教学管理部门和领导提供决策建议也是教学督导行使职能和发挥作用的重要途径和方式。除了随堂听课，督导专家还积极深入课堂教学一线调研，详细了解教学一线的实际情况，认真听取一线教师的教学需求与意见，积极总结、归纳并撰写调研报告，通过督导座谈会、工作总结会等途径积极建言献策；围绕学校教育教学改革、教学设施配备、实验室与临床技能中心建设、课程设置与专业建设、教育培训、青年教师培养、教师队伍建设等提出许多有价值的参考建议，助力学校教育教学决策科学化。另外，督导专家还在各类教学工作评价标准修订过程中充分发挥督导作用。总之，无论是调研报告的撰写还是评价标准的修订，都是教学督导专家参与学校教学决策的重要方式，有利于学校教学决策的科学化。

持续的教学指导助力青年教师健康成长。助力青年教师健康成长是教学督导的主要工作之一，也是其发挥优势、实现价值的有效途径和方式。除日常随堂听课的教学指导之外，督导专家还指导青年教师积极参与各级各类青年教师教学基本功比赛，从教案书写、教学方法选择、教学手段运用等各个方面指导青年教师，促进其教学水平的提升。另外，督导专家还通过指导青年教师参与教学改革、积极开展教学研究、申报各级各类教育教学改革课题等助力青年教师成长。

较强的责任意识和无私的奉献精神助力教学督导持续有效推进。督导队伍较强的责任意识是教学督导工作持续有效稳步运行的动力源泉。学校大部分督导专家都抱着为学校教育教学工作发挥余热、不计名利的责任意识和积极心态投入工作，他们无私奉献的精神感动并激励着青年教师乃至全校师生在教育教学工作方面的热情，保证了学校教学督导工作持续有效的推进，并为学校教育教学质量保障与水平的提升做出了贡献。

二、新时期高校教育教学督导工作的思考

新时期教育部和北京市政府教育督导机构与职能的变化，进一步显示出督导工作的重要性，也对新时期高校教育教学督导工作提出了更多要求和挑战。

加大督导支持力度，助力督导工作全面化与系统化。当前，高校教学督导结构设置与职能的发挥不利于高校教育督导的全面化与系统化，需要加大支持力度，促进教学督导向教育督导转化。调查发现，当前高校教育督导大致分为三类：一是个别高校设置近似权力机构的"监察部门"，对学校人事、教务、科研、后勤等进行监督；二是对学校教学、学科建设的督导，侧重教师聘用、职称晋升的鉴定和评审；三是定位于教学督导，广泛存在于我国大部分高校。督导机构命名大致为教育督导组、教育督导室、教学督导组以及听课团，一般作为教务处科级机构，或与高教研究室合并。教学督导是高校教育督导的一部分。如果以教学督导代替教育督导，则缩小了教育督导的职权范围，因此，新时期高校教育督导要加强建设，助力高校督导全面化与系统化，为高校全面质量与质量全面提升奠定基础。

加大督导培训力度，助力高校督导工作专门化。督导专家的素质与水平决定了高校

教育督导职能效益的发挥。考虑到当前高校督导专家多为兼职，因此可以考虑吸纳部分专职人员参与督导。同时，加强督导培训也是进一步提高督导专家业务素质和水平的重要途径。总之，高校要加强督导人员遴选、督导方法体系完善、督导培训、督导信息化、督导职能转变等，逐步确立高校教育的督导地位并实现专门化。

第五节　现代信息技术与高校教育教学深度融合

以计算机、网络技术以及现代通信技术为代表的现代信息技术是当代科技发展的主要领域，因此以技术变革教育也势在必行。将人工智能、大数据、云计算、"互联网+"等现代信息技术和教育教学进行深度融合发展，以实现教育领域的"中国梦"。

在 21 世纪，信息就像血液一样流淌在社会各行各业中，尤其是现代信息技术已经广泛渗透，对人们的生活、学习和工作产生了深刻变革，教育也不例外。从国家关于教育的发展规划到学校一线教师的探索应用实践，从现代信息技术辅助教育教学到现代教育技术辅助学生学习，再到现代教育技术与教育教学深度融合发展，现代信息技术必将使教育教学产生较大的变革。

一、现代信息技术概述

以计算机和网络技术以及现代通信技术等为代表的现代信息技术，是当代科学技术发展的主导领域，现代信息技术正以其他技术从未有过的速度向前发展，并以其他任何一种技术从未有过的深度和广度介入社会的方方面面，教育领域也不例外。2018 年 4 月，教育部发布的《教育信息化 2.0 行动计划》指出，持续推动信息技术与教育深度融合，信息技术和智能技术深度融入教育全过程，推动改进教学和优化管理。

北京师范大学的何克抗教授认为新兴信息技术主要包括可以改变人类教育方式和学习方式的大数据，推动优质教育资源共建共享的云计算，将人们的学习、生活和工作融为一体的人工智能以及基于网络"教与学"平台的"互联网+"。何克抗期望未来可以在信息技术这四个方面加大开发和应用力度，早日实现教育信息化领域的"中国梦"。

二、现代信息技术应用于教育现状分析

现代信息技术在教育中的应用，目前主要还停留在辅助教师教学和辅助学生自主学习阶段，有的高校虽建立了智慧教室，但是使用率不高，学习效果也不明显。

教师利用多媒体技术进行教学。多媒体技术在教学中的应用已经非常普遍。教师利用多媒体展示教学内容，用文字、声音、图片、动画、图形等展示教学内容，使教学内容更加丰富多彩、形象生动，可以大大提高教学效率，提高学生学习的兴趣，从教学方法、教学内容等方面改变传统的教学模式，是现代信息技术在教育中的初级应用阶段。

学生利用网络课程进行自主学习。现在高校各种网络课程正在如火如荼地进行着，从开始就潮起云涌的MOOC，到现在热火朝天的SPOC，高校在利用现代信息技术发展教育教学的同时，不断总结、完善和补充，以期找到最有效的教学手段和方式方法。在网课的发展过程中，教育工作者和一线教师投入大量的人力、物力和财力开发网络课程，可是这些资源的利用率较低、学生的参与度低，且因为缺乏约束，很多学生没有完成课程学习，没有达到预期的学习效果。为了改变这种现象，集传统教学和MOOC两者优点而避其缺点的小规模限定性在线课程SPOC兴起，SPOC被认为是当下最有效的教学方法，是现代信息技术在改善教学方法、教学手段以及教学模式等方面的应用。

智慧教室利用率低。当前很多高校都设置了智慧教室，学生利用现代信息工具参与学习和讨论，通过动手参与，提高学习的主动性和积极性。但是我国高校目前还没有真正实现小班化教学，班级人数过多，不太适合这种智慧教室授课模式；另外，智慧教室也不能匹配所有课程的教学，导致很多学校的智慧教室使用率不高。

跨校、跨区网络共性课应用受限。目前有些高校实现了网络联合授课、学分互认，但是在这方面的应用相对来说非常有限，只是在某些学校的某些科目实现了，很多高校学生还停留在本校课程教学，对一流高校的优质教育资源可望而不可求。

三、现代信息技术与高校教育教学融合路径

随着智能终端设备、5G网络和通信设施性能的提高，现代信息技术得到迅猛发展，应探索将其深度融合到教育教学的新途径中。

人工智能环境下高校教育机器人进行专业基础知识的普及。目前，在学前教育和小学教育中已经开始利用机器人进行基础知识的普及，在高校却非常少。因为高校受专业限制，不同专业需要不同的专业知识，软件开发难度大，对机器人的要求较高。且知识的更新总是落后于当今时代的发展，对有研究需求的学生来说教育机器人的辅导有所不足，因为需要随时更新学习内容，每个专业都是如此的话，则需要强大的专业研发团队的支持。科研人员和教育工作者共同合作，研发适合高校学生学习的教育机器人，让教师从繁杂的基础知识传授中解脱出来，将更多的时间和精力用于学生的答疑解惑、情感交流，引导学生向纵深发展。

大数据环境下的个性化学习和评价。大数据正在快速发展，相信在不久的将来就会在高校中普及应用。运用大数据可以追踪学习轨迹，通过分析可以得出每个学生对知识的掌握程度、学习喜好、学习时间分配等，再进行阶段性总结分析，给出科学合理的评价，提出下一阶段的学习建议和学习知识推送。这样周而复始，为每个学生量身打造学习内容、学习计划、学习方法、学习时间等，再加之教师的针对性指导，让期望已久的个性化学习和个性化教学变成现实。

云计算环境下优质教育资源的共建共享。随着网络和硬件设备性能的提高，云计算支持下的各种网课平台不断涌出，如中国大学 MOOC、爱课程等，现在都已经发展得比较成熟了，高校学生可以通过这些平台发布的课程资源进行网课学习，高校教师可以借助这些资源进行本专业的授课，对不合适的课程进行修改和补充，以达到本校教学需求。未来各个高校之间可以联合进行课程开发和建设，或者一个一流本科专业带领几个普通高校联合进行课程研究，联合推出共同学习内容，让一流教育资源得到最大限度的利用。

"互联网+"环境下优质课程直播。在"互联网+"环境下，各大高校的现代通信设备和网络已经普及，当有名师名家授课时，不在本校或者当地的学生可以利用网络直播工具及时领略名家风采，与其线上进行交流探讨，让学生在有如亲临现场的环境中进行知识的学习，这样不仅可以更好地发挥名师的榜样典范作用，还可以让学生欣赏大家风范，进而引导学生在自己的专业领域不惧困难、刻苦钻研，不断发展。

虚实结合的教学班级授课与管理。随着现代网络的普及应用，网课会越来越方便。各高校实行学分互认后，开发的一门网课，不同地区和不同学校的学生都可以学习，通过对学习生进行分组实现对不同地区和学校学生的管理，通过异步 SPOC 实现对不同学校学习时间的管理；但对于同一个实体班级的学生分布在网上不同的网站进行学习，实体班级的教师如何进行学习效果的监督、学习成绩的统计汇总，还需要各大学习网站能够实现同一后台管理和信息管理。

要改变当前的教育现状，急需现代信息技术和教育教学深度融合。虽然当前已经取得了一些应用成果，但是教育方式方法和教学手段的改变还没有达到深度融合，即现代信息技术将伴随教育教学的始终。现代信息技术的发展将促使新的教育时代的到来。

第二章　高校教育教学创新研究

第一节　高校形势与政策教育教学模式创新

形势与政策教育是高校思想政治教育的重要组成部分，因而"形势与政策"课是一门高校重要的思想政治理论课程，其对培养大学生的历史责任感与时代使命感、增强大学生综合素质、引导大学生做合格中国特色社会主义建设者和接班人具有极其重要的作用。但因其时效性、变动性和综合交叉性较强，教学难度较大，因此，要增强高校"形势与政策"课程的教学效果，就必须对其教学理念、教学内容、教学模式和考核机制等进行大胆创新。

一、转变教学理念，提高创新意识

思想是行动的先导，教师的教育教学行为总会受其教学理念的支配和影响，而且教师的教学理念还会影响学生的发展。目前，一些教师和学生对高校"形势与政策"课程的价值与意义认识不足，因而对"形势与政策"课程教学持有一种应付心理，加之学生对该课程存在认识上的片面性，致使形势与政策教育教学容易出现走过场、教学效果不尽如人意的现象，因此，更新教学观念是提高形势与政策教育教学实效的前提条件。

首先，教师要重新认识和深刻理解高校开展形势与政策教育教学的目的和使命。高校开展形势与政策教育的根本目的，是让大学生学会用马克思主义立场、观点和方法，分析并认清形势，做到"识时务"，从而更好地认清社会、认识自我、把握未来；教育和引导大学生全面准确地理解党的路线、方针和政策，坚定在中国共产党领导下走中国特色社会主义道路的信心和决心，积极投身改革开放和现代化建设的伟大事业中。教师要充分认识高校"形势与政策"课程除了具有思想政治教育功能之外，还兼备素质教育和通识教育的功能。形势与政策教育教学要以相关学科知识教育为依托，丰富大学生的理论知识素养，提高其思想理论水平，拓展其视野，提升其境界，为培养大学生科学的世界观、人生观、价值观打下坚实基础；形势与政策教育教学要对大学生进行科学精神和人文精神教育，培养其创新思维能力。

其次，教师要确立现代教育和终身学习的思想理念。现代教育思想的核心内容要求教师在教育教学过程中充分尊重学生的主体地位。高校"形势与政策"课程教师在教育教学活动中，只有坚持以学生为主体，才能充分调动学生的学习积极性，促使学生由被动学习向主动学习转变。由于"形势与政策"课程涉及多门学科，内容十分庞杂，再加之其变动性特征明显，因此教师必须勤学多思，不断提升自身的政治素质和业务水平，才能适应课程教学的需要，完成自己的教育教学任务。

二、优化教学体系，创新教学内容

教学内容是传递教学信息、发挥课程功能的关键要素。由于"形势与政策"课程自身的特点，教育部门并未组编统编教材，因此一些高校在安排"形势与政策"课程的教学内容时，仅仅根据教师的研究领域或兴趣，显示出一定的随意性，致使课程教学内容的确定缺乏严肃性和合理性。实践证明，这种教学难以实现课程的教学目标，导致学生的学习兴趣不足，教学效果自然难以保障。

高校"形势与政策"课程内容设置应以教育部每学期制定的"形势与政策教育教学要点"为基本依据。当然，不同高校、不同专业、不同年级有自身的个性特征，高校在设置"形势与政策"课程内容时要照顾学校以及各年级各专业学生的实际情况，考虑学生的认知特点及其对知识的不同需求，既要合理优化，又要大胆创新。例如，对一年级新生的教学内容，可安排"形势与政策"课程的基础理论内容，包括什么是形势与政策、学习"形势与政策"课程的意义、分析形势与把握政策的原则与方法、马克思主义形势与政策观、校情校史与校规校纪介绍等内容，让学生熟悉"形势与政策"课程的基本知识，明确学习"形势与政策"课程的意义与方法，尽快了解和适应新的学习生活环境；对大二、大三年级的学生可侧重安排重大国际国内形势、党和国家的大政方针政策与社会热点焦点等内容，帮助学生理性分析和对待形势与政策，提升学生的分析辨别能力；对即将毕业走向社会的学生，可安排一些事关就业创业方面的形势与政策内容，帮助学生树立正确的就业观。总之，对"形势与政策"课程内容的设置，既要体现出严肃性、系统性和科学性，又要体现出变动性和针对性，要不断优化教学体系，创新教学内容，以更好地满足课程教学的需要。

三、改进教学方法，创新教学模式

在高校"形势与政策"课程教学中，采取的教学方式必须有利于增强其教学实效。就目前的情形来看，一些高校"形势与政策"课程教学方式单调、陈旧，很难适应新时期大学生个性多样化特征，因此，改进教学方式、创新教学手段就显得十分必要。在教学中，必须遵循教学设计要有新视野，教学过程要充满激情，教学环节要体现教师为主导、学生为主体，教学环境与氛围要开放、民主、和谐等原则。根据这些原则，改革创新高校"形势与政策"课程的教学模式，构建课堂教学、网络教学和实践教学三位一体的高校"形势与政策"课程教学新模式。

1. 课堂教学

"形势与政策"课程教学的主要途径是课堂教学，因此课堂教学时数应该不少于"形势与政策"课程总教学时数的三分之二。传统的课堂教学模式习惯于照本宣科式的"满堂灌"，这种教学模式往往陷入填鸭式的教育中，教师处于唱独角戏的角色。这种教学模式的优势是教师易于操作，缺陷是学生主体性难以体现，学生大多处于一种被动的地位，参与教学的程度较低，教学效果难以保证。因此要创新课堂教学模式，开展形式多样的课堂教学，如启发式教学、讨论式教学和专题教学。

启发式教学。这种教学模式有利于克服传统教学方式的缺陷，能更好地适应新时期大学生的身心特点，有利于增强大学生的学习兴趣和提高大学生分析与解决问题的能力，有利于激发大学生的创新意识和提升大学生的创新素养。启发式教学可以采取案例启发法、讨论启发法、问题启发法、情景启发法等形式。实施启发式教学要注意以下几个环节：一是要充分地了解学生实际，这是实施启发式教学的基础和前提；二是要精讲多练，这是启发式教学的重要手段，也是减轻学生负担的秘密武器；三是要做好问题设计，即要弄清问题出现在哪里并注意问题要难易适度，这是启发式教学的重要环节；四是要发扬教学民主，在教学过程中，教、学双方要相互信任、相互尊重、相互配合，这样才能实现相互促进。

讨论式教学。这种教学模式有利于培养创新型人才，体现教学的民主性和差异性，拓展学生的思路，提高学生分析问题的能力，激发学生的学习热情。讨论式教学可分为指导性讨论、交流性讨论、研究性讨论和辩论性讨论等形式。开展讨论式教学要把握好以下几个环节：一是精心选题。教师要精心设计好要讨论的问题并指导学生如何收集材料和自学思考，让学生做好讨论的准备工作。二是展开课堂讨论，化解问题。在组织讨论时，教师要根据学生讨论的程度和进展，适时调整教学目标，把握讨论的节奏，尽量让更多学生有机会参与讨论。三是交叉拓展，深化认识。讨论是学生发散思维的过程，讨论结束时，师生需要进行思维整合，促使学生经过问题交叉融合之后认识得以进一步深化。四是梳理点评，加深体验。学生讨论结束之后，教师要进行集中梳理点评，对整个讨论过程进行回顾与总结，帮助学生澄清误解、理清思路、加深体验。

专题教学。鉴于"形势与政策"课程内容的时效性和变动性的特点，其教学必须追踪热点、聚焦焦点，就课程内容体系中的重点问题加以梳理，形成若干个专题。开展专题教学是"形势与政策"课程教学的一种很好的形式。开展专题教学必须注意好以下几个环节：一是要认真调查，合理选题。选题时要摸清学生的思想动态和学生关注的热点焦点，再结合相关的形势与政策实际，确立和设定专题教学内容，专题内容要具有针对性。二是在实施专题教学之前，课程组要加强集体备课，博采众长，集思广益，形成优质教案，这是开展好专题教学的重要保证。

2. 网络教学

网络技术的出现，促使现代社会人们的生产生活方式和思维方式发生了巨大的变革，自然也给"形势与政策"课程教学方式的创新带来了新的机遇。开展网络教学，既能为教学提供丰富多样的教学资源，又能为师生开辟新的学习交流交往方式，同时还能提高学生的学习效率和积极性，加深对教学内容的理解，弥补课堂教学的不足。开展网络教学要注意贯彻以下原则：一要贯彻启发性教学原则。即开辟学习思路，发展多维思维，促进学生广开视野和深入学习。二要贯彻直观性原则。在网络教学环境下，网络上丰富的教学媒体和生动鲜活的教学素材为学生提供了立体的知识背景，通过多种感官刺激，激发了学生的学习热情，增强了"形势与政策"课程教学的吸引力和感染力，让学生轻松愉快地享受学习。三要贯彻循序渐进性和系统性教学原则。通过建立一定的引导和索引机制，使学生依据自身已有的认知水平，由浅入深、循序渐进地系统学习。四要贯彻互动性原则。在"形势与政策"课程传统课堂教学组织形式中往往存在教学班级规模过大、学生人数众多、师生互动较弱等情形，网络教学可利用网络技术优势，开辟多个通道，满足师生各类互动的需求，使教学活动更加丰富多彩，从而弥补传统课堂讲授的不足。五要贯彻学生主体性原则。开展网络教学要坚持以教师为主导、学生为主体，始终围绕学生组织教学，处理好教师与学生、学生与教学媒体、学生与学习内容的关系，促进学生全面素质的提升。六要贯彻巩固性原则。通过有效使用网络，帮助学生整理知识和把握逻辑，增强学生对教学内容把握的系统性和全面性。网络教学可采取网络平台建设、微信公众号、微课慕课等形式，这些不同形式各有优势，教师可综合运用，最大限度地发挥网络教学的积极效应。

3. 实践教学

实践教学是"形势与政策"课程教学模式的重要组成部分，能够发挥思想政治理论课教学的理论认知、政治导向和思维能力综合提升等多重功能。在"形势与政策"课程教学中开展实践教学，有助于增强课程教学的吸引力，提升课程教学实效。在"形势与政策"课程教学中开展实践教学要贯彻以下几个原则：一是要加强针对性。必须针对教学和大学生的思想实际来确定教学内容和形式，避免盲目性。二是要注重实效性。开展实践教学，要合理确立教学目标，科学选择实践教学形式，避免犯形式主义的错误，力求取得良好的实践效果。三是要追求时效性。"形势与政策"课程具有突出的时效性特征，根据这一特征的要求，实践教学必须反映社会发展实际，体现时代特征，以求得理论与实际的统一。四是要坚持灵活多样性。大学生是一个非常活跃的群体，其个性特征鲜明多样，因此，实践教学要灵活多样，避免出现僵化。"形势与政策"课程开展实践教学要抓好以下几个环节：一是确立合理的教学目标。要结合"形势与政策"课程教学内容和教学实际，制订具体实践教学目标，且具体教学目标的确立要有针对性和可操作性。二是周密制订教学计划。制订教学计划，要反映教学活动的针对性和实践活动的具体性，包括实践地点的选择和教学时限的安排等。三是精选实践教学方式。选择何种实践教学方式，要由教学规律和原则、实践教学内容和目标以及实践教学的功能等因素来确定，体现实践教学的针对性、适用性和实效性。四是妥善组织管理教学。抓好实践教学的组织管理这一环，是保证实践教学取得良好效果的重要条件。要建立有效的领导机制，制定科学的管理制度和监控体系，为实践教学的顺利开展起到保驾护航的作用。五是及时开展总结评估。对实践教学进行总结评估是实践教学的最后一环，及时梳理实践教学过程，评估得失，有利于巩固升华实践教学效果，拓展实践教学的价值。

四、改进考核方式，创新考核机制

鉴于"形势与政策"课程的时效性、变动性等特点，传统的闭卷考核方式很难全面、客观、真实地检测出学生对"形势与政策"课程教学目标掌握的程度。为此，有必要创新"形势与政策"课程考核方式，以更好地发挥考核对评教评学和促教促学的双重功能。考核方式的创新应注重联系实际和灵活多样，做到"两个结合"：一是笔试与口试相结合。笔试易于考查学生对"形势与政策"课程相关知识的识记情况，其突出优点在于便于操作，缺点是容易导致学生为考而学，临时抱佛脚，对学生养成勤于分析、深入思考的习惯和能力帮助有限；口试便于考查学生分析思考和解决问题的能力。将笔试与口试有机统一起来，能更好地发挥两种考核方式的长处，弥补彼此的不足。二是全面性与全程性相结合，即将教学过程考核与教学结果考核统一起来。鉴于"形势与政策"课程教学班级规模较大、人数较多、课堂教学时间集中、课程教学内容综合复杂性强等特点，有些内容的教学只能安排在课堂集中教学时间之外去进行。考核不能只局限于集中课堂教学结束时的闭卷考核，还要采取相应形式对学生在集中教学时间之外的学习环节加以考核，做到对学生在整个教学过程的表现进行考核，以体现考核的全面性与全程性。考核学生对课堂集中教学内容和知识的掌握情况，可用闭卷考试，在集中教学结束前安排时间进行。对学生集中课堂教学之外的学习情况和学习内容的考核，可用更加灵活多样的方式进行，如开卷论题式考核和互评式考核。实施开卷论题式考核前，教师应联系当下国际国内实际和学生的兴趣，确立主题，要求学生围绕主题收集资料，独立思考，形成自己的观点和想法，言之成理，佐证有据，不能抄袭。互评式考核，即将考核权的一部分下放给学生。互评分为小组长考评和小组成员互评，具体做法是每个班分成若干个小组，每个组由小组长负责，先由小组长对每个小组成员日常参与教学的情况、承担的项目实施情况（包括小组成员在项目中承担的角色、教学活动参与以及完成的情况）进行考评，形成每个学生的小组长考评成绩；然后小组成员之间进行互评，小组所有成员对小组每个学生考评出一个成绩，在此基础上由小组长汇总计算出每个小组成员的小组考评成绩，这两个成绩综合起来就形成每个学生的互评式考核成绩。互评式考核有利于克服教师无法直接掌握集中教学之外的教学环节中学生学习情况的不足，有利于发挥学生相互促学、彼此监督的作用。将笔试与口试、过程考核与结果考核等考核形式综合运用起来，建立多元化的考核机制，最后综合形成学生该课程学期总成绩。这样的考核评价有利于克服传统单一考核方式所产生的弊端与不足，最大限度地发挥考核对教学的促进作用。

第二节 以人为本推进高校教育教学管理创新

创新教育教学管理模式是推动教育事业更好发展的保障。"以人为本"的管理理念顺应了当代社会发展趋势，将其运用到高校教育教学管理中，对教育教学管理的创新与发展具有重要意义。为此，笔者以"以人为本推进高校教育教学管理创新"为题，从开展以人为本推进高校教育教学管理创新的原因入手，对其实现以人为本推进高校教育教学管理创新策略进行了深入探究。

一、开展以人为本推进高校教育教学管理创新的原因

高校教育教学管理是高校工作的重要组成部分，对于促进高校发展、给学生创造一个更和谐、更有序的生活和学习环境中扮演着极其重要的角色，而要实现推进高校教育教学管理创新，首先应该保证能够坚定不移地以科学发展观为理论指导，并且始终坚持"以人为本"的教育理念，这样才能真正达到教育的要求。

"以人为本"是高校教育教学管理的根本诉求。"以人为本"的理念早已被提出，要想坚定不移地落实科学发展观，必须达到以人为本的核心要求，并且意识到为人服务、对人有利才是发展的根本目的和基本要求，还要保证所取得的发展成果能被人享有并且惠及全人类。高校是有计划、有组织并且能够开展系统性教育工作的机构，其目的就是为社会的发展提供保质保量的人才，以教育促进社会发展，同时让社会的发展为教育提供教学指南。与社会上的企业相比，高校教育是一种为教书育人而设立的机构，其不以营利为目的，却对学生有一定的要求，要求他们能够遵守相关的规章制度。因而高校的教育者不仅要掌握扎实的理论知识、教学技能和专业技能等，还必须具备高尚的职业道德操守，要尽可能地拉进与学生之间的距离，实现与学生心灵上的交流和沟通。在高校领导、教职员工和学生这三个层级构成的群体中，人不仅是高校开展教育活动的主体，同时也是客体，人的这种双重身份使教育管理更应该坚持以人为本。高等学校是对所有渴望获得知识的人开展高等教育的教育机构，是培养各个行业人才的重要场所。设立高校的根本目的就是培养具有创新能力的高级别人才。为了使高校教育达到这一标准，必须保证师资力量，这样才能保证所培养出的学生符合高级别人才的需要。"教授"与"学习"都是一种很花费时间和精力的劳动方式，既需要相对自由的学术氛围，又需要教学环境有一定的宽容度，从而满足人文主义式的管理要求。

以人为本才能满足高校教育教学管理的实际需求。多年来，我国很多高校都致力于实现"以人为本"管理理念的要求，不断积极探索现代化教育教学管理模式和机制，从目前的情况来看，已经取得了初步成效，但以人为本开展的教育教学管理工作并未从本质上使问题得到解决，人性缺失现象还较为突出。产生这种现象的原因主要有三点：一是教育教学管理目标不够完整。实际上，很多高校管理者经常讨论的话题不外乎教学评估、如何升格、申请硕士博士以及争创名牌等，将教学管理的重点放在了设备更新与维护、多媒体教室的建设和食堂、操场建设等问题上，对"人"的问题关注得非常少。不可否认，这些问题都属于高校发展中的重要组成部分，但是相较于学生、教师这些主体而言，高校开展的其他工作就显得相形见绌，应该放在"人"之后。以人为本的重点在于对人的尊重，学会换位思考和理解他人，才能依托于对人的全面管理来实现高校的稳步发展。二是教育教学管理体制和机制行政化。高校是一个以教育为目的的场所，不是政府机关，在开展教育教学管理工作时要认清这个问题，不能让教育教学管理体制和机制朝着行政化的方向发展。很长一段时间以来，受计划经济体制的影响，我国高校教育教学管理一直遵循着自上而下的直线式管理，强调的是上级领导下级，同时进行统一指挥，要求绝对服从，甚至存在以行政性管理替代学术性管理或者弱化学术性管理的趋势。当前高校的这种教育教学管理现状，使得教育教学管理不仅不能充分体现出各层级教学组织的价值和意义，而且很难调动教师工作的积极性和学生学习的热情。三是教育教学管理制度呈现僵化的特点。很多高校在开展教学的过程中逐渐形成了一整套涉及教育教学管理的规章制度体系，在改善教育教学管理工作方面发挥了一定的作用。然而，由于受这些条条框框的影响，教师在真正想对教学工作进行改革创新时会受到很多限制，不利于教育创新的实现。不仅如此，在这种制度体系的约束下，教育教学活动展现不出活力，从而使整个教育教学管理工作的效果受到影响。

二、实现以人为本推进高校教育教学管理创新策略

要想真正地实现以人为本推进高校教育教学管理创新的目标，就必须清楚地认识到"以人为本"教育教学管理理念的重要性，逐步强化"以人为本"的管理理念，探寻更为人性化的管理模式，并且及时构建服务型的管理队伍，从而为教师和学生提供更高质量的管理服务，满足他们的实际需求，促进高校健康发展。

探寻更为人性化的管理模式。要探寻更为人性化的管理模式，应该满足一定的要求。首先，弱化行政功能，强化学术功能。高校是开展教育的场所而不是办公的场所，所以应该有意识地淡化官本位和行政权力，坚持专业化的治校理念，始终维护教授在教学管理中的核心地位和核心作用，赋予他们在高校教育教学管理中的权利和相关权益，避免"外行人指挥内行人工作"情况的发生。其次，由独断专行向民主型转化。高校在开展教育教学管理的过程中要体现出民主性，不能独断专行，要保证教师能够享有基本的教学自由来开展教学改革创新工作，从而改变当前教育现状，为学生提供更优质的教学环境。最后，由被动接受型转向激励型。管理分为被动接受型和激励型。激励属于更高级别的管理方式，其取得的管理效果更好，同时对管理者的管理能力要求也更高，这就要求高校能够尊重师生，不断完善教育教学管理规章制度，努力在原有的被动接受型管理方式上融入激励型管理因素，逐步实现由被动接受型管理向激励型管理的过渡。

构建服务型的管理队伍。即使传统教育教学管理在不断发展的过程中表现出了一定的优势，但在面对现代信息化管理时仍存在一些过于烦琐、呆板的问题。身处信息化时代，高校教育教学管理应该以现代化教学管理理论为导向，对传统教学管理体制和机制进行改革创新，向实现教学管理现代化不断靠近。管理并不意味着压迫和绝对服从，其更倾向于一种服务性质，是以为教师和学生服务为目的的，这就要求管理队伍能够树立起"以人为本"的服务理念，在处理问题时做到热情、耐心和细致。当然，为了提高服务质量，还应该不断地提高管理人员的专业素养、综合素质和业务能力，增强他们的职业道德感；

与此同时，还应该构建并完善教学管理人员的目标管理责任制，激励并引导教育教学管理人员严格要求自己，以身作则，在对师生进行管理的同时不断深化教育教学管理的功能。

"以人为本"作为当代社会的一种新的管理理念，顺应了时代的发展，因此，将"以人为本"的管理理念运用到高校教育教学管理中有利于高校教育教学管理的创新与发展。

第三节　教育机制在高校艺术设计教学中的应用与创新

教育机制是指教师在教育教学过程中的一种特殊定向能力，是教师良好的综合素质和能力的外在表现，是指教师能根据学生新的特别是意外的情况，迅速而正确地做出判断并及时采取恰当而有效的教育措施解决问题，由此表现出的一种敏感、迅速、准确的判断能力。范梅南认为教育机制是教师用来克服理论与实践相分离的概念，而不是促使理论转化成实践的工具。教育教学不是教条的说教，也不是道德的劝诫，而是在教育实践活动中将学生引向好的方面。笔者认为，教育机制首先要求教师的教育初心，正如习近平总书记所说，教师是人类历史上最古老的职业之一，也是最伟大、最神圣的职业之一。人们常说："教师是太阳底下最崇高的职业。"因此，保持教育初心尤为重要，它意味着责任和担当，意味着遇到问题时不怕问题，主动去解决问题，不能事不关己高高挂起，也不能破罐子破摔，因为不进则退。由此出发，为教育教学事业贡献光和热，才能积极为教育教学事业做好充足的准备，并且要坚持终身学习，这就是教育机制成熟的两个基本点，即保持初心，终身学习，这样才能让教育机制在教育教学中发挥出最大的能效。

一、宏观环境中的准备工作

新时代背景下，对于教育教学的准备阶段，笔者认为主要有三个阶段：收集与共享资源；筛选与学习资源；引入与利用资源。具体体现为：首先是通过各种渠道最大限度地收集相关资源，建立属于自己的数据库，这是对专业人士自身的学术科研和教育教学的双重要求。然后学会共享资源，把资源通过各种平台再次分享给同行，促进沟通与交流。其次是针对教育教学方面，系统地筛选符合教学大纲的资源，进一步深入学习和研究，为教育教学做足准备。最后是将资源引入课堂，并利用相关资源辅助课件，达到多维度的教育目的。

二、微观环境中的实践工作

导入话题，打破壁垒。由于"三观"的不断建立与完善，大学生具有青春期末期的叛逆思想和成年期的单纯的自信及逆反心理，所以在教与学之间，要及时打破壁垒，而第一手段就是教学导入。事实上，教学导入并不是陌生的话题。传统的导入方法多达20种，最常用的就是直接和直观导入，即第一时间明确教学的重点和目标。然而笔者认为，教师自身的状态准备开始的时候，学生未必准备好，而例行公事的导入，只会让学生产生"有了任务"的负重感和恐惧感。一节课45分钟，笔者将其分为三个阶段。每个阶段15分钟，学生注意力的高潮期往往在开始和结束的阶段，中间会进入一个低潮期，所以把握开始和结束两个阶段的时间尤为必要。对于开始的15分钟用来导入话题，笔者采用的方式是以聊天的方式随意提出几个近两天发生的新闻，尤其是学生比较关注的新闻范畴，以此开始调动学生的注意力和积极性，进而见缝插针地真正导入一个知识点，引发疑问，开始本节课的教学工作。重点和难点则集中在15分钟之内分别教授，在学生进入低潮期的15分钟期间，尽量进行"手机互动和课外案例拓展"，最后在剩下的15分钟内总结和回顾本节课的重点与难点。

利用同理心，拉近距离。其实，教师与学生之间并不存在敌对关系，也不存在领导与被领导的关系，但存在意识形态的代沟和个人对集体的客观矛盾。因此，教师应该站在学生的角度考虑问题，消除学生意识中的所谓敌对关系，利用同理心，将学术与生活分开，在学术上严肃认真，在生活上"变回"正常人，不要总端着所谓为人师表的架子，以此拉近师生之间的关系，取得学生的信任感，这是增强学生对教师传授知识权威性和接受度的教育机制手段。

弱化教育主体与客体的关系。在传统的教育教学环境中，教师是主体，学生是客体，二者是一种主动与被动的关系，教师讲什么，学生听什么，没有任何选择性。在网络不发达的年代，教师教授内容的对与错，很难及时得到鉴定和辨别，教师的权威性得到了最大限度的保护。这并不利于教育教学的良性循环。互联网文化盛行的今天，学生可以在课堂上随时查看教师所表达的只言片语，甚至读错一个字，都会被无限放大在网络上，这也成为当今的教育工作者最大的焦虑之一。笔者认为，教师应该变劣势为优势，要认识到学无止境的基本原则，不断提升自身的专业素质和能力，同时也要变被动为主动，弱化掉教育主体与客体之间的关系，放低身段，放下所谓的权威，与学生互相学习，共同进步。

教学环境的多元化。艺术设计类教学的环境一直是多元化的，如从理论课堂到画室或者绘图室，从校内操场写生到校外写生，从街区考察到调查问卷，从教师示范到学术交流。高校应该开拓更加灵活新鲜的教学环境，如利用联网教学，使同一时间同一门课的两个教室的教师与学生互相联网进行视频交流教学，形成一种映射和参照，把有限的空间提升到一个无限的沟通领域中。这样，一方面，教师之间可以互相取长补短；另一方面，学生之间也能形成好奇心和约束感。好奇心体现在对方的上课情况与学生外貌；约束感体现在羞耻心方面，学生相互产生攀比心理，最大限度地改善教学环境的死板和沉闷。

手机的利与弊。手机在大众群体中的普遍应用，无疑是新时代的利好消息，但对于学生群体，社会上普遍存在很大的争议，尤其是在教育领域，这是很多教育工作者最担忧的问题之一。首先，手机比电脑更加方便携带，各种社交软件和新闻媒体平台，最大限度地分散着学生的注意力。其次，网络内容的新鲜感和爆炸性内容令学生更感兴趣，阻碍了学生对教学内容的关注度和接受度。上课期间低头看手机而不听课的普遍情况，使得教师非常痛心。既然是无法避免的普遍事实，不如变劣势为优势，加以利用。教师可以将每节课的教学内容，都尽最大可能地与网络连接，让学生随时通过手机获取相关内容，形成教育教学中一种新型的互动方式。

教材与课件。在很多高校，院系考虑到要避免教师之间的恶性竞争、学生之间的心理不平衡等因素对于专业的具体课程要求课件统一、作业统一。然而，教材是不断更新的，但课件很难跟进，里面的图例大多是像素偏低的图片，案例也缺乏时代性，很难引起学生的记忆点和共鸣性。教材的更新主要偏重于理论的更新，课件的更新在于图例和案例的更新，二者并不矛盾，教材指导课件，课件解释教材，二者可同时更新，与时俱进。在此基础上，教师还应准备除课件之外的拓展资料加以辅助，尤其是艺术设计类教学，需要大量的实际案例。

教学形式（板书与幻灯片）。传统的教学以板书为主，通常是教师讲授与板书同时进行，学生的期待感很强，也可以与教师同时思考和进行。这是传统板书的优势。随着时代的发展，电脑幻灯片的教学形式，逐渐成了主流教学形式，其原因在于：第一，教学内容的承载量巨大；第二，教学内容的表现形式多元化，各种彩色图片、动态图片以及影像影音，为教育教学提供了更加便利的条件，教学成果显著提高。然而，在艺术设计类教学当中，笔者认为二者应该结合起来开展教育教学工作，以免造成"照本宣科"的教学环境，避免"放弃"教材在课堂上的主导性，又换汤不换药地"开启"幻灯片课件在课堂的主导性。传统板书与学生之间的互动优势并不过时，也绝不可丢弃。

实践课与理论课的矛盾。比起理论课，艺术设计类专业的学生更加喜欢实践课，这是不争的事实。主要原因有两点：首先，就业的大环境决定了技术类人才更加热门，受欢迎程度更高。新时代对于劳动力的要求集中在员工的实际操作能力上，而非理论研究上，只有部分学术科研部门以理论研究为主,且要求学生的学历为硕博以上。因此,对于专本科类的毕业生而言,掌握熟练的实践技能,直接影响着就业出路与薪资待遇。其次,在教育教学的环境氛围中,实践课更能增加师生之间的互动性,也能充分地调动学生的主观能动性,相较于理论课长时间地被动接受系统连续性很强的理论知识,实践课的灵活性更强、操作性更强,学生手脑并用的学习方式,使得教学成果更加显著。通识教育在西方教育领域一直有着不可忽视和无法替代的积极作用。理论课作为通识教育里一个重要组成部分,在教育教学中具有深远的意义和作用,它能潜移默化地影响学生的意识形态,建立学生的思维模式,加强学生的记忆能力,提高学生的思维能力。正所谓理论指导实践,实践又反作用于理论,二者缺一不可。

考核形式的危机。考核主要包括考试与作业两种形式。艺术设计类学生对于考试的反感程度,并非今时今日才出现的新课题。作为教师,在学生时代也一度质疑艺术设计类专业的学生理论考试的意义何在。理论考试主要考查学生对于系统理论知识点的掌握程度,通过对学生试卷的解答情况,可以分析和判定哪些知识点学生更容易掌握,哪些难以掌握,这也是教育机制的一种隐晦体现。教学大纲中的重点与难点,并非一成不变的,而是要根据学生的实际反馈情况进行及时的调整。艺术设计类作业的形式多种多样,最受欢迎的无异于考察报告。然而,考查报告可以作为考查方式之一,但绝不能是唯一。

如果说学历是进入教育行业的敲门砖,那么教学经验就是教育行业的试金石。教育机制在教学实践过程中,不仅可以考查作为一名教育工作者是否仍然保留进入教育行业的初心,对教育事业的热情,以及对教学工作的责任感;同时也能检验作为一名教育工作者的教学能力的提升,以及在教育教学工作中的创新精神,因此,教育机制在艺术设计教学中具有重要与深远的意义和作用。

第四节 高校法制教育教学模式创新

高校大学生法制教育是以育人为中心的思想政治教育工作,其根本目的是培养高素质人才,就目前来说,依然是一项任重道远的工作。

一、高校法制教育工作的背景

当前,我国全面依法治国的道路正逐步铺开,执法懂法理念渗透于社会生活的方方面面,在不断完善的法治社会背景下,高校法制教育工作面临新的发展机遇,国家的大政方针、法治理念越来越受到大学生的普遍关注。2010年《国家中长期教育改革和发展规

划纲要 (2010—2020 年)》明确提出要提高教育教学发展的质量，促进教学模式的转变，激发学生学习的积极性，实现育人理念的创新。2016 年《全国教育系统开展法治宣传教育的第七个五年规划 (2016—2020 年)》再次指出高校是培养大学生的主阵地，而青少年的法制教育是国民教育的基础性工作，应科学规划法制教育工作，实现学以致用，切实增强法制教育工作成效。可见，国家一直把育人工作放在高校教育工作的首位，非常重视法制教育与法制宣传工作，希望高校能够在育人过程中，促进法制教育工作落地生根，全面深化，开花结果。

在此背景下，为进一步弘扬社会主义法治，高校要积极推进法制教育工作的进一步规划与发展，健全全面育人机制，把培养创新型高素质人才作为高校的首要任务执行，逐步完善大学生的法治理念，提升个人法治素养，落实依法治国理念，实施依法治校思维，以此为契机推动社会主义法治建设快速发展，构建高校成熟的法制教育环境，切实全面提升大学生的法律知识和法治观念。

二、高校法制教育的重要性

高校法制教育是指高校通过开展教学活动，实施法治思维理念的引导式教育，大学生通过课堂学习，理解社会主义法治理念，懂得法治国家和新时代全面依法治国理念的重要性，具备法治思维和法治素养，促进法治行为的养成。目前，高校的法制教育主要是通过教育资源和手段实施的，法制教育的本质是利用现有的一切教育资源和手段，使学生掌握法治脉络，了解法律在国家体系中的设置，理解国家的立法理念、司法制度、执法行为等法治基础问题，进一步培养遵法守法的理念，这也是高校开展法制教育的根本目的所在。

高校依托现有的人文环境，以法治素养的养成为基础，探索大学生法制教育工作中遇到的困难，改革高校法制教育工作方法，借鉴国外法制教育工作模式，完善自身教育工作的不足，对促进高校思想政治教育工作的全面发展，提升全面育人效果具有深远意义。

三、高校法制教育存在的问题

（一）法制教育师资水平有待提高

高校从事法制教育工作的教师虽具备较高的学历，有着丰富的教学经验，但普遍缺乏法律素养，绝大多数高校的法制教育课程从属于公共课教研室，导致教师法律知识储备不充足。为了解决这问题，多数教师自学法律知识或利用课余时间学习法学专业的相关课程，但由于时间短，且本身没有系统接受过法律教育，理解起来难免不够深入，使得其在涉及法律相关内容的讲解时，教学思路不清晰，教学内容讲述含糊不清。

这种法制教育教学模式造成一些教学内容出现走马观花的现象，学生对法制体系的理解一头雾水，无法深入理解法制教育的知识点。有的高校师资力量缺乏，一名教师要承担多个教学班级的教学任务，每周的教学工作任务繁重、备课时间少、教学经验不足、教学手段应用不理想、缺乏积极的思考能力、不善于改革教学模式，导致课堂教学效果不佳；有的高校甚至不重视集中备课环节，对于课前教学计划和相关准备要求甚少，不重视专业课教师的对外交流和培训，使得教师的教学方式和教学技巧无法改进。

（二）法制教育教学形式单一

目前，法制教育的课堂教学设计以讲授教材中的知识点为主，重点分析法治的逻辑关系，启发学生理解学习内容。高校教学活动仍以教师为实施主体，其主导课堂活动，教学分为课前准备、课堂讲解、课中互动、课后温习、期末考试等阶段，学生仍处于被动接受的地位，缺乏自主学习的环境。当课堂互动缺乏时，课堂教学便变成"灌输式"的教学形式，学生完全脱离自主思考模式，教学模式弊端凸显，课堂教学缺乏新意。

2016年《关于中央部门所属高校深化教育教学改革的指导意见》明确指出，高校要致力于重塑本科教学课程内容和教学体系改革，依托教学硬件条件，建设优质的在线开放课程，开展线上线下混合式教学，推进教学方式方法的变革。

四、法制教育教学模式创新策略

（一）完善法制教育网络在线课程

高校法制教育的目标是希望通过教育手段引导学生提升自主分析和解决问题的能力，为了实现该目标，高校教师要考虑采用学生喜闻乐见的方式，充分利用手机、电脑等载体开展教育活动。目前，每名大学生都有一两部手机，每天使用手机至少2个小时。因此，学校可以建立网络在线课堂，将在线教学融入学生的学习生活中，学生可以利用碎片化时间，通过手机或电脑进行学习。这种方式顺应了学生的需求，是他们喜闻乐见的教学形式，可以实现提升学习效果的目的。

高校要加强法制教育在线开放精品课程的建设，通过MOOC和超星学习通等网络教学平台开发《思想道德修养与法律基础》在线课程。在建设课程时，教师应根据教学目标设计学习任务，使学生能够理解所学内容；应把所要学习的内容拆分为多个知识点，每个知识点录制10分钟左右的教学视频，并设置学生参与互动和回答问题的环节，在教学视频中设定启发式的任务点，启发学生参与知识点的提问回答环节，激励学生对视频教学内容进行回顾和总结。

在网络教学平台上建立教学班级，以4~8人为一组分成多个学习小组，通过学习视频中的知识内容，以小组学习的方式开展在线讨论和在线交流，教师预先设计问题并制订评价标准，在网络课程中设置学生参与学习以及在线讨论的权重分数，方便检验小组学习的学习效果。同时，教师要在小组学习中加入实际案例对所学内容进行补充，通过视频、音频和文本形式在线发放给小组进行讨论，及时地在线解决学生学习过程中的困惑，实现学生在线自主学习，增强学习效果。每次学习后教师都要鼓励学生参与课程章节中的课后测验，这样的测验能够在第一时间检验学生的学习效果，测验以选择题和简答题为主，答题数量在10道左右，便于学生通过手机或电脑迅速完成。

（二）开展法制教育混合式教学模式

首先，在课前教学环节中要进行法制教育教学前的准备。课前利用网络发布通知，要求学生在网络平台上预先学习教师转发的网络教学资源，内容可以涵盖最新的法律案例、时政要闻、国家法治建设大事等，同时告知学生教师要在课堂上对这些内容进行检验，要求学生在课堂上进行分析和讨论，进而充分发挥学生的自主性。

其次，在课堂教学过程中要充分发挥学生的主体性地位，通过设计课堂互动教学环节，检验学生课前学习的效果，让学生评述案例，然后由教师引导在课堂上进行分组讨论，通过案例加强对法制教育内容的理解。教师作为整个课堂的引导者和协调者，职责是充分调动学生主动分析问题的积极性，引导学生积极参与教学活动，总结知识点并讲授给学生，促进学生对法制教育教学知识点的熟练掌握，并对积极参与课堂互动的学生给予相应的课堂分数，计入平时成绩。

最后，课后教学环节需利用网络教学平台建立课后测验题库，督促学生课后进入平台，随机抽取预先布置的课后测验。测验题可以设计为填空题、简答题等，每个人随机抽取的测验题均不相同。学生在线完成测验，形成测评分数，学期末进行综合排名，形成测评总分计入平时成绩。同时，平台也设置了讨论区和答疑区，学生有任何与课堂教学有关的建议和问题，都可以在线进行讨论、学习和交流，教师也可以通过平台与学生进行即时互动。

总之，法制教育课程的混合式教学有利于激发学生学习的热情，使枯燥的法制教育课堂变得灵活生动，充分调动学生学习的积极性，引导学生认真学习。

第五节　Web2.0 时代高校教育教学的创新

在 Web2.0 时代，学习已不是传统课堂学习模式，而是建立在互联网技术手段基础上的广阔范围的学习。本节旨在探索如何在开放式的社会化网络条件下建构教学平台和教学模式，并根据实际操作过程中存在的教学方法滞后、学习方式困惑、硬件设施和网络资源建设薄弱等问题，提出高校要更新观念，加强培训，提升信息应用的整体能力；搭建移动学习平台，构建评价和控制体系；加大投资力度，推进校园数字化建设的改进措施。

近几年，随着被称为 Web2.0 的新一代互联网信息技术的不断发展，以信息化为特征的教学环境的构建和教学资源的建设，正不断改变着传统高校教育教学的思维、观念和方法，以教师、课堂、书本为"三中心"的传统教学模式被广大教师和学生所质疑。教师不但要传授学生以知识，还要给予学生以自主学习能力，学生也逐渐由过去单纯的信息接收者和使用者，转变为信息的传递者和创造者。为适应这种高度共享信息化资源的变化趋势，传统的教育教学模式必须要改革，而改革的重要途径就是构建新型的信息化教育教学模式。

在 Web2.0 环境下，网络的社会化程度非常高，博客、微博、社会书签、资源分享网站、社交网络等应用层出不穷，为学生提供了极为丰富的学习资源和强有力的技术保障。在开放式的社会化网络中，教师与学生可以进行充分的交流沟通，形成参与性、动态性的学习环境，个性化开放式共享型的学习活动不断出现。

一、Web2.0 时代教学理论依据和现实需求

（一）建构主义教学理念和 Web2.0 特性不谋而合

进入 Web2.0 信息时代以后，主张以学生为中心，强调师生交互手段的建构主义学习理论在教育教学技术实践发展中逐渐占据主流位置。构建主义理论的中心思想认为，学生的知识获取并不仅仅是通过教师的讲授，还应借助外部（包括教师、学生、社会）的支持，在一定的社会文化背景下，积极利用必要的技术手段，通过自身主动的学习构建获得。Web2.0 技术可以把不同媒体、新旧信息进行整合，学生可以按照自己的实际情况选择学习内容，以提高学习的主动性、自觉性。Web2.0 技术还有利于学生进行合作化学习。师生都可以把自己的研究成果在信息化平台上进行共享，不受时间和空间制约进行信息交流，以培养学生的合作精神和良好的人际关系能力。

（二）激发学生的学习兴趣，培养学生的自主学习能力

在传统的高校课堂中，学生只能被动地接受专业教师的程序化知识传授，无法选择课堂教学内容，更无法接触其他高校优秀教师、企业职业经理人的知识传授。Web2.0时代的互联网可以解决这个难题。Web2.0互联网打破了时间和空间的局限，改变了单纯从教师或课本获取知识信息的单一格局，学生通过Web2.0互联网可以获取更多新的知识，进而培养了学生能动学习和比较好地利用网络知识的本领，使其在更大范围内获取知识，扩宽了知识视野，进一步激发了学习兴趣，培养了参与意识。

（三）教学资源的共享教学成本相对较低

知识传授、互动及创造活动需要多方互动，在传统的学习及知识创造场景下，需要知识传递方和接收方共同在场，因而对时间有着严格的要求。计算机网络所具有的信息容量大、信息传播快等优点，是其他教学设备没有办法比拟的。通过网络的资源共享，高校实现了低成本的知识互动，使得知识供应方一次分享、知识获取方不受时间限制的多次、多人受益；同时对场地、设备等没有额外要求，成本更低。

（四）跨越师生空间距离，链接行业直通教学

现在很多高校新校区远离市区，远离教师居住区，使得以前教师课后深入教室和寝室当面指导学生的优良传统难以坚持，但移动数字课堂利用互联网络和数字传播技术可以解决师生难以普遍化持续性当面交流的问题。数字媒体传播在新闻界和企业界的应用最为直接和广泛，通过数字媒体可以建立起连接行业资讯与专业教育的数字媒体课堂，大大缩短了专业教育与行业实践的距离，大大加强了专业教育与行业实践的联系。

二、Web2.0时代教学平台设计和教学模式构建

（一）教学平台设计

教学平台是一个面向学校教务管理人员、教师和学生，为其提供服务的教学管理系统。教学平台建设与设计会促进教师改革教学内容与教学方法，引发学生学习方式变革，提高高校教学质量。笔者把基于Web2.0技术的教学平台分为两大模块：教学共享资源库、互动交流系统。

教学共享资源库是一个以学习资源库和实训项目资源库为基础的共享型专业教学资源库，包括专业标准资源、IT信息资源及工具、网络课程资源、项目案例及实训资源、多媒体素材及教学视频、专题特色资源、核心能力测试题库，以数字化校园网络平台为支撑，为师生、合作企业和社会学习者提供资源检索、信息查询、资料下载、教学指导、

学习咨询、就业支持、人员培训等服务。所有教师与学生均可以在网络平台上建立个人空间，实时上传教师教学过程资料、学生学习过程资料，实现教学资料的积累与共享。

互动交流系统是教学平台的主要部分，具有实现学生作业上传与批阅、师生在线答疑与交流等功能，主要包括在线交互（虚拟社区）、作业管理和在线评测等子系统。该系统为客户提供博客、Wiki、BBS、网上调查等读者交流、互动的个性空间。博客既可以系统表达自己的观点、看法，也可以浏览其他博客作者的文章，获取系统化的显性知识。微博的内容篇幅短、丰富，时间成本更低，提供了一个日常"观察""聆听"知名学者、企业家和经理人所做所思、所察所闻，通过"耳濡目染"的方式学习显性知识和大量需要观察、互动、体悟才能获得的专业性隐性知识的机会。维基百科是一个任何人都能参与、有多种语言的百科全书协作计划，通过它可以获取相关的定义、分类、描述、理论介绍等文献知识。社交网络主要是熟人之间在社交网络平台建立朋友关系，用户发表自己日常的行动、观察、思考，同时也了解朋友的行动、观察和思考。

（二）教学模式的构建

基于 Web2.0 的教学模式主要有以下几种类型：

传授型教学模式。为促进学生对课程理论的理解，可以采取传授型教学模式，即把教学计划、课程内容、讲义或课件放到 Web2.0 平台上，供同学下载学习，同时发布学习要求和作业，采用同步式或异步式的方法，进行课程指导，学生的参与度较高。

问题型教学模式。即教师把教学内容设计为具体的责任和任务，要求学生通过完成任务实现对课程内容的学习；教师利用博客提供课程背景资料和评价，要求学生在学习和思索中形成对问题的看法和见解。

协作型教学模式。以学习社区或团队的形式，利用共享学习资源，教师仅起到引领作用，主要依靠学生的主动性来完成项目，最后教师给团队做出总结性评价。

自主型教学模式。即充分发挥学生的自主学习能力，让学生建立自己的博客和微博，加入社区，充当管理员，发起讨论，运用自己所学知识拓展自身的知识领域，完善知识结构，构建自主化的知识体系，把研究成果传入学习社区，丰富教学资源。

三、Web2.0 时代教育教学存在的问题

（一）教师教学方法滞后

教师由于长期采用传统的教学方法，形成了固定的教学思维定式，未能深刻理解 Web2.0 时代的教育教学特征，只是机械地把课本的内容简单复制到电子课件上，使用多

媒体进行讲解传授,没有真正实现与学生的互动,并未激发学生主动学习的热情。或者教师过于关注教学节奏,追求课堂内容的"多、快、新",导致学生无法消化吸收课堂内容,学生在学习过程中没有自己独立思考和寻找知识的时间和空间。

(二)学生学习方式困惑

学生不适应新的教学平台的应用,许多学生未能掌握新的学习方法,不知道怎么使用Web2.0的相关教学工具,由于缺乏自主学习和与人沟通的能力,无法把线上学习和线下学习进行有机组合,达不到预期的学习效果。网络环境虽然对学生自学非常有帮助,但是网络学习材料并没有进行科学合理的分类,大多数学生主要还是依靠教师进行课程的指导和分派任务,还不是真正意义上的自主学习。

(三)硬件设施和网络资源建设薄弱

部分高校的硬件设施不完善,环境嘈杂,监督机制不完善,校园网覆盖率尤其是无线网络覆盖率和带宽不足,使得学习效果大打折扣。另外,多媒体的使用频率过高,使得多媒体变成了Web2.0教学的主角,自主学习知识反而成了配角;多媒体课堂教学也逐渐形成一种固定的Web2.0教学模式,学生产生厌烦情绪。部分高校虽然积极开展网络资源建设和软件开发,但网络资源获取比较困难,且受多媒体课件制作工艺水平的制约,网络课件普遍质量不高。

四、Web2.0时代教学改革的对策

(一)更新观念、加强培训,提升信息应用的整体能力

面对信息技术的飞速发展,学生的需求呈现出多样化和个性化趋势,这就要求作为传道授业的广大教师必须更新教育理念,优化教学内容、课程体系、教学方法和手段,熟悉并掌握各类信息交流工具,充分利用Web2.0平台与学生进行交流沟通。高校可以采取岗位技能培训、专题讲座的形式,对教师的信息软件应用能力进行培训,提高教师的教学水平;同时,也应加强对学生的信息素质教育,提升学生应用信息工具的能力,从而促进教学质量整体提高。

(二)搭建移动学习平台,构建评价和控制体系

积极采用基于云计算的数字移动学习平台,实现全天候的自由个性化学习与沟通。平台的设计可以根据学校和学生的实际情况进行选择,如利用博客、微博、BBS等手段,让学生畅谈学习的苦和乐,交流学习资源。针对Web2.0制定人才培养方案、教学实施细则、学习评价体系和教学质量控制系统,注重与传统的教学评价控制体系的融合,保证

Web2.0 教学与传统教学取长补短，互为补充，形成一个相辅相成的有机系统。

（三）加大投资力度推进校园数字化建设

Web2.0 教学改革离不开数字化校园建设工作，各级教育主管部门和电信通信企业应加强对校园信息工程建设的支持。可以采取以点带面、分步实施的方法，从重点教学区域开始实现数字化网络覆盖，再推进到生活服务区，最终实现校园网络的全覆盖；做好资源整合，利用已有的相关移动通信设备，在移动互联网和智能手机快速发展趋于普及的背景下，可以随时随地登录网络，通过账户的形式实现从公共网络访问校园网络；根据使用者的主观操作和各级别用户的需要，如教师账户、学生账户、行政管理人员账户，对校园的资源和权限进行分类管理。

第六节　基于高校教学改革的教育教学协同创新

现阶段，高校教学改革仍然是教育领域不可忽视的重要研究课题。在以创新为核心的教育改革发展进程中，高校应积极探索教学发展的新形式，进而在教育教学协同创新视野下，重新定位教学管理目标，促进教育创新与教学改革创新的协调发展。高校教学创新改革发展的有效生成体现在知识观、教学策略的转变以及教育制度和教学体系创新的全过程中，不仅要在教育思想、教育理念和教育方法上相互贯通，还应该渗透在课堂教学的各个方面、各个环节之中。

21 世纪，随着云计算、大数据、物联网和人工智能等新一代信息技术的飞速发展和深入应用，人类已经步入信息社会和智能社会。知识经济和信息技术不仅在改变着现在的教育，同时也在塑造着未来的教育。新的时代背景不仅对教育改革发展提出了新的要求，同时也对人才培养提出了更高的目标。中共中央国务院印发的《关于深化科技体制改革加快实施创新驱动发展战略的若干意见》明确指出"创新驱动实质上是人才驱动，要开展启发式、探究式、研究式教学方法改革试点，尊重个性发展，强化兴趣爱好和创造性思维培养"。高校是人才培养基地，因此，必须紧跟时代发展潮流与趋势，将教育教学协同创新真正作为高等教育改革的突破口和重中之重。

一、基于教育教学协同创新背景的高校教学改革发展

教育发展正面临着新机遇与新挑战。从根本上讲，高校教学改革建设就是在技术时代发展的道路上谋求"学校教育教学协同创新发展"的过程。教育教学协同创新作为一种

新的教育理念，并不是独立于德、智、体、美之外的一种实体性存在，而是渗透在学校教学的方方面面，为学校的创新发展提供契机与动力。

(一) 教育创新是时代发展的内在要求

教育是服务社会需要的基本制度，教育体系的演进本身具有系统性、一致性和可伸缩性的特点，它不仅应该是全面的、可持续的，而且是与时俱进、不断发展的。知识经济的时代呼唤创新的教育。"创新"一词来源于英文"innovation"，一般解释为科技上的发明、创造，后来意义发生推广，用于指代在人的主观作用推动下产生所有以前没有的设想、技术、教育、文化、商业或者社会方面的关系。奥地利经济学家约瑟夫·熊彼特首次提出创新理论，他认为"所谓创新，就是建立一种新的函数，也就是把一种从来没有过的关于生产要素和生产条件的组合引入生产系统"。虽然熊彼特的创新理论侧重于经济发展视角，但"创新"一词的提出无疑为今后学者的进一步研究奠定了基础。现代管理学之父彼得·德鲁克认为创新是对既有资源和财富的重新分配，他在《创新与企业家精神》一书中提到："创新是一个过程，是一项有组织、有系统且富有理性的工作。作为企业家展现其创业精神的工具，创新本身就能创造资源，因为它能赋予资源一种全新的能力并使之成为物质财富的一种创造性活动。"高级院士 Gene Meieran 认为，创新有三种类型：一是突破性创新，其特征是打破陈规，改变传统和大步跃进；二是渐进式创新，指采取下一逻辑步骤，让事物越来越美好；三是再运用式创新，即采用横向思维，以全新的方式应用原有事物。作为人类进步的首要力量，作为社会经济发展的一种全新模式，创新在某种程度上被赋予了一种战略意义，它不仅构成了一个国家经济发展战略的支点，同时也蕴含了对创新类型、制度、组织、活动等要素的系统规划。正因为创新是建立在人们高度自觉的精神基础上的，创新在国家社会经济发展中的作用才不断加强。

创新时代赋予教育教学协同创新的使命。教育教学协同创新在创新型国家建设和高校发展中起到了不可替代的作用。当前，经济与社会高速发展所积累的民生与社会问题凸显，人民日益增长的美好生活需要同不平衡不充分发展之间的矛盾成为国内社会的主要矛盾。在教育上主要表现为优质教育资源紧缺，城乡、区域教育发展不均衡，升学压力与日俱增等问题。面对教育资源尤其是优质教育资源的供需矛盾，高校教育教学改革必须跨越制约高校发展的"瓶颈"，积极转变教学思维，革除旧的教学发展模式，寻求高校创新发展的新途径，以满足社会对优质创新型人才的要求。高校教育教学改革是在开放与控制、解放与适应中生成和发展的，它所强调的包括教育体制与教育管理模式的创新、教学方法与教学内容的变革以及教育功能与教育目标的重新定位，不仅具有全局性、结构性、发展性的特点，还是新时代背景下高等教育教学发展的价值与追求。本节所说的高校教育教学协同创新，主要是指在创新概念提出的背景下，教育体制与高校教学内部各要素之间基于一定的价值观，在相互影响和相互作用过程中所产生的方法、制度以及在实践层面上的变革。

（二）实现教育教学协同创新与高校教学改革的协调发展

21 世纪是一个创新的社会时期，经济社会的创新发展对教育提出了新的要求，教育从经济发展的边缘位置开始走向中心，教育教学协同创新由此构成了创新结构范畴中最核心的内容之一。自古以来，高等教育就负有培养高素质人才、提高全民族综合创新能力的使命。在当前这样一个紧迫的发展背景下，高等教育改革必须实现教学体制创新，及时剔除不合时宜的、呆板僵化的教育制度，摒弃"以课堂知识为本"的传统教学思想，破除重知识轻实践、重分数轻素质的传统教学弊端。如果继续紧守传统的教育模式，就会束缚创新的手脚，教育教学协同创新就难有生存的土壤。从这个意义上来讲，教育教学协同创新以其特有的号召力与影响力推动着高校教学改革的发展，促进高校教学体制不断适应教育教学协同创新的需要。

高校教学改革水平的高低影响着教育教学协同创新的成效。当今，高校教学改革已发展成为一种结构性变革，这种变革不是在既定系统结构内进行的维持性革新，而是一种"破坏性革新"。这种"破坏性革新""不仅需要信念、价值观和承诺的变革，同时也需要规则、角色和关系的变革，更重要的是，这种革新需要关键性组织功能的执行方式的变革"。高校教学改革是一项复杂的工程，需要各方面的协同配合，想要在创新中快速找到教学改革的切入点，必须立足未来，根据社会对人才素质的要求以及发展新趋势，精确选准制高点。在教学方面，要落实好"学校本位"课程的开发，在探索、调整、改进、优化的过程中形成相对优势，为有特殊才能的学生创造良好的条件，形成具有自身特点的教学体制，而不是机械地强调"人无我有"。作为教学最重要的主体之一的高校教师的创新素养是教育创新的关键。在基础层面上，要求高校教师爱岗敬业、乐于奉献；在知识经济时代塑造创新人格的具体化层面上，包括教学方法创新的自觉性、开发和利用教育资源的创造性、科学揭示创新人才成长的规律等。

总而言之，教学改革水平成效高，教育教学协同创新的效果就好；如若教学改革混乱，势必会影响教育教学协同创新的效果。可以看出，高校教学改革离不开教育教学协同创新这片沃土，因此高校有必要在充分厘清两者关系的基础上实现教学改革与教育教学创新的协调发展。

二、高校教学改革的紧迫性

科学技术与时代的变迁给教育尤其是高校教育带来了巨大的冲击与挑战，人类社会的生产生活方式，乃至思维、行为和学习方式都受到了不同程度的影响。互联网通过其强大的云计算和数据处理功能，能够及时有效地对信息知识进行新的加工、组合和整理，加快了教学内容更新的速度，扩大了知识的含量，为学生提供了一个资源丰富、方便快捷的学习环境。网络带来的大量的知识和最新的信息，使得高校开始对传统课堂进行重新考量，越来越多的教师也逐渐倾向于网络信息化教学。应信息化社会发展的要求，更新教育理念、变革教育模式、重构教育体制、培养创新创业人才，已成为高校教学改革的必然要求和现实选择。

21世纪是知识、经济、科技相互交织的时代，同时也更加追求人才的高质量与高效益。党的十九大对人才培养提出了新要求，指出：建设教育强国是中华民族伟大复兴的基础工程，必须把教育事业放在优先发展的位置，深化教育改革，加快教育现代化，办人民满意的教育。教育部部长陈宝生强调，从十九大开始，教育的主题就变了，教育改革开始进入"全面施工，内部装修"的阶段。教育现代化的本质是人的现代化，核心是教育思想和教育理念的现代化。中共中央办公厅和国务院办公厅联合印发了《关于深化教育体制机制改革的意见》，提出要营造健康的教育生态，大力宣传普及适合的教育才是最好的教育、全面发展、人人皆可成才、终身学习等科学教育理念，系统推进育人方式、办学模式、管理体制、保障机制改革，使各级各类教育更加符合教育规律、人才成长规律，更能促进人的全面发展。在这种形势下，必须进一步重视对高校教学改革的研究，以提升高校的整体教学水平，为社会培养具有可持续创新能力的人才。

三、高校教学改革发展的视角

（一）高校教育教学的创新价值

有学者提出，"教学活动作为学生认知发展的实现机制，在学生个体的发展过程中发挥着三种基本功能，即认识的起源和发生、认识的建构与形成以及认识的改进与转换"。现代的教学不仅仅是师生互动的双边活动，还代表着一种建构性与生成性的文化，并要以一定的主体形态进入教学过程，承担起培养学生的创造与建构意识、能力及文化主体身份的使命。任何一种教学思想与教学模式，都是经济社会发展到特定阶段时内在要求的产物。实施教育与教学创新的协调发展，是当代高校改革与发展的一个重要课题。

高校教学的核心价值取向应从培养创新精神入手，以提高创新能力为核心，促使个体在实践教学活动中自我展示、自我实现、自我创造的不断生成。人的创新精神和能力大致分为两部分：一部分是与生俱来的先天禀赋，可以称为人的"初始创新资源"；另一部分是后天习得的，可称为"积累性创造资源"，是形成人创新能力的主体。值得注意的是，这种原生的、天然状态的创新资源是不稳定的，如果后期得不到合理的开发与训练，极容易流失，从而造成一种无形的人才资源的浪费；而后天习得的这部分创新资源尽管是社会和实践的产物，也必须进行深度开发，只有经过科学地提炼与升华，才能真正转化为创新素质。面对经济社会对创新型人才的呼唤，高校教学改革必须统筹兼顾，在课程体系、教育教学的实践活动设计中，着重培养和开发学生的创新精神与自我创造能力，为社会主义建设提供高质的劳动力和智力支持，满足教育创新时代的需求。

（二）高校教学改革发展的目标

教学目标是连接教育现实与教育理想的主要联结点。一方面，高校教学改革要立足实践，抓重点、攻难点；另一方面，高校在开展课堂教学活动时，只有环环紧扣教学目标，才能真正实现学生从浅层学习向深层学习的转变。

1. 以人为本，实现人本化教学

"人本"是指在自然、社会与人的关系上，人是主体，是目的和标准。"以人为本"的教育理念主张在教育教学中要把人放在第一位，强调以人的发展特别是作为教育对象的具体的个人的发展为根本。"以人为本"观念最初出现在文艺复兴运动时期，但真正从哲学上把对抽象的"人"的关注转移到对个体生命价值的"人"的关注则经历了漫长的过程。随着马克思主义的产生与发展，"以人为本"的理念逐渐得到了真正的科学说明，并广泛地渗透到政治、经济、教育等领域。

传统的教育形式习惯把文本知识与学习成果凌驾于人的本性之上，把学生机械地看作被塑造、被加工的对象。事实证明这种主客体关系的错位，在很大程度上影响了教学的效果，使教学远离人性而成为程序化、模式化的工具，由此导致我国教育体制偏离轨道，教育功能异化，忽视了以人为本的基本价值取向。杜威指出："教育并不是一件被告诉和被告知的事情，而是一个主动性和建设性的过程，在理论上，这个原理几乎没人承认，而在实践中却又没人敢违反。"因而，教学要遵循学生的主体性原则，尊重学生受教育的权利，帮助学生真正理解和掌握知识技能。高校是培养人才的重要基地，在高校的教学管理中，教学目标的实现既要靠学生自主学习，同时也要靠教师辅助实施，其中包括优化课堂教与学的行为分析，探讨学生的学习能力、创新能力以及合作与交往能力，这就要求教师采用全新的人才培养模式，注重尊重和调动学生的积极性，提高教育教学的效益。

2. 把握教学规律，尊重学生个体差异

正如马克思所说："人们在实践中，通过大量的外部现象，可以认识或发现客观规律，并用这种认识指导实践。要想在活动中获得预期的目的，就要从实际出发，坚持实事求是，认识和尊重客观规律，按照客观规律办事。"学生作为受教育者，由于其个体智能发展的多元性，决定了学生之间存在不同的个性特征，具备不同的知识建构能力。《国家中长期教育改革和发展规划纲要（2010—2020年）》明确指出："坚持以人为本、推进素质教育是教育改革发展的战略主题，是贯彻党的教育方针的时代要求，核心是解决好培养什么人、怎样培养人的重大问题，重点是面向全体学生、促进学生全面发展，着力提高学生服务国家人民的社会责任感、勇于探索的创新精神和善于解决问题的实践能力。"高校培养的人才应该是多规格的，对不同特点的学生要采取不同的衡量标准。教师要及时转变角色和态度，最大限度地利用学生的个性特点和潜能实施分层教学，不以个人期望改变学生，因势利导，用发展的眼光对待学生。

3. 培养高阶能力，鼓励自我创新和自我发展

现阶段，以科学知识为代表的经济社会的发展对人才素质提出了更高的要求，强调在不忽视基本素养（读、写、算）的前提下，人才尤其是创新型人才的学习、问题求解、决策、批判性思维、信息素养、团队协作、兼容能力、获取隐性知识、自我管理和可持续发展能力，在教学目标分类中主要表现为较高认知层次上的心智活动及认知能力，如分析、综合、评价、创造、演绎、推理等。这些能力相互关联、相互作用，共同为促进人才的可持续发展提供导向。未来的信息社会充斥着各类复杂的需求和矛盾，能力的培养和思维的多元性就显得十分必要。哈佛大学著名的心理学教授伯金斯认为："日常思维就如我们普通的行走能力，是每个人与生俱来的，但是良好的思维能力就像百米赛跑一样，是一种技术与技巧上的训练结果。"因此，高校在教育教学过程中，要运用恰当的工具，采取相应的教学支持，实行一系列有针对性的强化练习，着重培养学生的高阶思维能力，踏实有力地帮助学生实现人生价值。

（三）大学生学习的内在机制

苏联心理学家列昂节夫等人认为，人的心理、意识等一切活动的结构都是环状的，在与环境对象的实际接触中，借助内导作用和返回机制，调整并充实初始导入的映像。学习作为一种特殊的社会性活动，也近似一种环状结构，由定向、执行、反馈三个环节共同组成。探讨大学生学习的内在机制，能够更加深入、准确地把握高等教育阶段学习的实质，进而采取有效措施促进高校大学生学习。借鉴已有研究成果，笔者认为应聚焦到以下几个方面：

一是大学生学习的特征。大学生作为社会成员之一，其学习活动具备人类学习的一般特点，但在整个教育系统中，大学生处于一种特殊地位，使得大学生的学习活动不同于一般人类的学习。研究当代大学生学习的内在特点是实践研究的热点问题，初步得出的结论是：必须基于现代学习观，结合大学生自身学习的特征，通过接受性、建构性的学习模式促进个体的内在发展。

二是大学生对活动的认识方式。教学活动就其本质而言是一种特殊的认识性活动，学生认识活动的方式基本是在教师的指导下进行的掌握学习。无论是探究型活动还是创造性活动，均强调学习的自我感知标准，从而建立对外部世界的符号化的认知与理解，更好地引导学生深层、深度、深刻学习。

三是学习动机与学习积极性。学习动机可通过外在的学习行为反映出来，而学习积极性则是学习动机最直接的外在表现，不同水平的学习积极性直接影响着学习的实际效果。教师要经常通过观察，有意识地识别学生可能存在的动机问题，根据个体在注意状态、情绪状态和意志状态这三方面的情况，如学生是否注意教师、能否迅速开始某项活动、能否主动地选择具有挑战性的学习活动等，判断学生是否存在动机问题。

四、高校教学创新改革发展的有效生成

教学改革是一项受新教育思想发展影响的动态观念，具备综合性、全面性和技术性的特点，直接服从于人才素质培养模式。高等学校教学管理在实现创新发展的道路上形成了诸多理论与实践经验，不同形式的观点的呈现不仅为深化研究提供了充足的思考空间，同时还促使高校教学改革不断迈上新的台阶。

（一）转变知识观，提升课堂教育涵养是高校教学创新发展的根本条件

要提升课堂教育涵养，必须革除静态的、固化的知识观，建立以知识价值为主的教育学立场，克服对象化教学的局限性。严格意义上的高校课堂教学要同时实现教学运作方式、课堂授课手段的更新，更要从思想认识观念及教师教学素质上实现创新。高校管理者要深刻思考在教育创新条件下，高校的教育教学需要遵循什么原则，树立哪种观念，实现何种目标，现行的教学方式是否符合创新发展的要求，等等。

传统的教学思想侧重的是学生对书本知识的掌握，认为教学是传授人类科学文化知识的"特殊的认识过程"，是以知识为中心建立起来的一种传与授的活动。一直以来，传统的课堂把知识作为唯一的对象和结果来传授，教师一味地教，学生一味地背，不去追求学生在习得后发生了怎样的变化与发展，这显然是一种静态僵化的知识观。高校教学改革创新不是为所有的学生统一确立一个必须实现的终极性目标，而是不断地培植、挖掘学生发展的可能性与潜力。真正具备教育涵养的课堂不仅仅是浅层的方法与技术的改

革，而是以创新为使命，达到观念乃至系统内部的根本性变革。知识只是实现个体发展的工具和形成创新能力的基础。学生学习和掌握知识并不仅仅是为了知识本身，而是在掌握客观知识的基础上基于个人生命和生活体验，学会自主建构，并把所学的知识转化为能力，成为处世的价值观和方法论。

（二）转变教学策略，强调课堂的创新性、发展性品质，为创新人才培养奠定基础

课堂教学策略的实施最终落在教与学的行为分析上。在日常学习活动中，教学应重点体现学生的自我监控、自我管理、积极探索、表达交流以及合作探究，因此，高校教师在选择和采用教学策略时应主要体现以下几点：第一，学会理解。理解是与学生交往的基础，为理解而教是教学的出发点。教师要积极创设学习情境，适时开展情景对话、课堂活动，帮助学生理解特定事物的本质及其规律、价值、思想、方法和意义。第二，任务导向。教师应建立清晰、明确的课程学习任务，将完整的课程目标、学习过程和学习方式任务化，引导学生主动探索任务活动的价值与意义。第三，启发式教学。启发，是启发学生独立思考，让学生自己思考问题的答案以及解决问题的方法，这种教学方法强调教师是主导，教学过程虽然由教师组织，但学生依旧是学习的主体。大学课堂尤其应重视学生的逻辑思维和灵活应变能力，启发式教学承认学生是有灵性、有理性、有感性的能动主体，其主动性特征有助于学生行为协调和智力发展。

（三）推进高校教育制度和教学体系创新，建设有利于创新型人才成长的制度环境

现代社会经济结构的调整要求高等教育转向以提高质量为中心的内涵式发展，实行更加灵活的教育教学制度，从而提供适合学生个性发展和自主创新的空间。让学生参与管理是高校教育制度改革不可忽视的一面。高校教育制度是为了满足全体教师和学生的需求，为全体成员谋福祉。推动高校教育教学制度创新，让学生积极参与制度建构的过程，并没有否定高校管理制度的权威性，相反，学生的参与体现了一种尊重、一种责任感，给学生更多的自主管理权，能更有效地唤起学生的责任感，培养公民意识，促进学生自由而全面发展。但是，仅有参与是不够的，更重要的是提升学生参与制度建设的品质。高校要建设开放化、多样化的教育制度和教学管理体系，一方面要更新观念，转变学生对制度建设"事不关己""流于形式"的态度，为学生提供更多自觉选择和自由表达的空间，使教育教学制度的设计更具科学性和有效性；另一方面要提高学生基本的协商民主精神，强化公民意识，保证学生参与的高品质与高质量，从而营造有利于人才培养的和谐的制度环境。

要有效地实现教育创新目标，建立适应知识经济时代要求的人才创新模式，必须正确处理好高校教学改革和创新的关系，正确诠释高校教育教学发展的目标与内涵，这对教育教学协同创新理论的推进以及高校教学体制的进一步深化，都具有十分重要的意义。

第三章 高校教育教学管理理论研究

第一节 高校教育教学管理现状

高校作为人才培养的基地，有承担社会人才输出的重任，尤其是随着近些年教育体制改革的不断深入以及学校生源数量的不断增加，高校教育教学管理工作显得越发重要，因此在本节中，笔者分析当下高校教育教学管理现状，并提出解决策略，希望能够更好地推动我国高校发展。

在高校办学发展的过程中，高校教育教学管理是办学水平的根本保障，同时也是高素质人才输出的基础，因此高校教育教学管理工作规范化显得尤其重要，但是现阶段的高校教育教学管理现状存在很多问题，影响了高校的长远发展。对于高校而言，未来的工作重点就是加强教育教学管理，切实提升高校教育教学管理水平。

一、高校教育教学管理现状

首先是教学计划管理存在限制性。在高校教育教学管理过程中，教学计划管理是人才培养目标的总体设计，同时也是院校活动的组织依据，但是在调查过程中笔者发现，现下很多高校在进行教学计划管理时，采用一种自上而下的管理方式，教学计划的制订并没有征求院校教师的意见，教师缺乏话语权，存在着很大的强制性，这严重地影响了教学计划管理实行的科学性；而且有的高校教学管理人员观念陈旧，不能够与时俱进，这样不利于教师和学生的发展。

其次是院校师资结构不合理。在高校教育教学管理过程中，教师是知识文化的输出者，同时也是教育管理的实行者，因此高校必须要有完善的师资结构，但是现下的多数院校都存在师资短缺现象，并且多数教师素质能力水平有待提升，这对高校教育教学管理水平提升造成了一定的阻碍。

最后是教学质量监控存在局限性。完善的教学质量监控体系是衡量高校教育教学管理水平好坏的标志，但是笔者在调查中发现，现下多数高校缺乏教学质量监控建设认识，同时没有相关的监控评价标准，这是导致高校教学质量下降的主要原因，同时也是高校教育教学管理弊端的一种体现。

二、高校教育教学管理现状解决对策

优化教学计划管理机制。教学计划管理是高校教育教学管理规范化的基础保障，对于高校而言，只有不断优化教学计划管理，才能更好地进行高质人才输出，从而将院校人才培养蓝图规划得更加具体。在上文中笔者已分析了现下高校教学计划管理存在的最大问题就是限制性太强，教学计划的制订掌握在管理者一人手中，这就使教学计划管理缺乏科学性。为了能够从根本上杜绝这种教学计划管理弊端，必须优化教学计划管理机制。为此院校在制订教学计划时，应该征求教师、学生、院校行政管理人员以及课程专家学者等多方面的意见，这样才能保障学校制订的教学管理计划真正符合学生发展需要，对教学资源的利用更加充分，以具有科学性的保障；而当教学计划管理机制制定后，必须要严格地执行，以保障教学计划的严肃性。同时在执行的过程中，还应该根据市场行业发展变化，适当地做相应调整，这样才能保障教学计划管理机制的适应性。相信在教学计划管理机制不断优化过程中，高校教育教学管理也会朝着更高的水平发展。

加强高校师资队伍建设。随着教育改革机制的不断深入，高校生源数量不断扩充，在这个过程中，高校无论是教师人数还是教师素质能力都无法满足院校的教育教学发展需求，院校师资结构不合理现象十分严重。对于高校而言，师资结构建设应该呈现出"梯队"状态，这样才能让高校教师专兼结合、优势互补，从而更好地提升人才利用度，这不仅是合理师资结构的一种体现，同时也是高校教育教学管理的基础保障，因此加强高校师资队伍建设至关重要。笔者认为，高校可以从以下两个方面做起：首先是结合现有的师资资源，全方位、多层次地建立教师培训体系，从教学和教研两个方面出发，立体化地对教师进行培养，这样才能使高校师资队伍素质朝着更高的方向发展；其次是加大高校教师招聘力度，从学历、教学能力、管理能力等多个方面入手，在院校内打造一支高素质的人才队伍，在这个过程中还应该不断地完善激惩机制，在为教师创建更好的教育教学管理环境的同时，规范教师教育教学管理工作行为。相信在高校师资队伍建设下，一定可以为高校教育教学管理注入不竭的动力。

完善教学质量监控体系。在高校教育教学管理工作开展过程中，教学质量监控体系是提升管理水平的保障，可以对高校教育教学管理工作进行更有效的监督，因此完善教学质量监控体系是十分必要的。笔者认为，院校可以从以下三个方面出发：首先是高校要认识教学质量监控体系完善的重要性。对于高校而言，只有形成有效的监控机制，才能督促教学管理水平提升,为教学工作质量提供保障,因此在进行教育教学管理工作时,必须要确保教学质量监控体系建设的重要地位。其次是在完善教学质量监控体系的过程中,要构建相关的评价标准,并且要保障评价标准的公平性与客观性,这样的评价体系建设才有意义。最后是教学质量监控体系要与反馈机制、奖励机制相结合,从而实现高校教育教学管理工作的良性发展循环。

第二节　高校教育教学管理观念

随着生活水平的提升,人们对教育的关注度也有了相应的提高,高校教育在这样的状况下进行了调整,不仅优化了基础教学模式和实践方法,还调整了相应的教学管理观念,以迎合新时期大学生的成长需求,为社会提供真正意义上的高素质人才。本节主要研究高校教育教学管理观念的改革,并提出相应的实践思路。

在教育改革过程中,作为学生进入社会前的核心教育阶段,高校教育受到了人们的广泛关注,但是当前的高校教育本身存在不少问题,而且面临着许许多多的挑战,尤其是社会方面的考验,给高校教育带来了较多的压力。为了合理应对新时期的挑战,实现更加完善合理的教育流程,高校应当对自身的教学方式进行调整,并对基础的教学管理观念加以改革,以持续完善基础的教育思想认知,逐步培育高素质的社会型人才。由于传统的高校教育忽视了学生其他方面的素质成长,尤其是社会实践方面的教育,导致学生的综合素质欠缺。因而,新时期的高校教育教学改革应当以学生的综合素质培育作为主要方向,逐步优化基础教学模式,注重采用全新的生本教育理念,提高学生的学习质量和综合素质。

一、高校教育教学观念的改革与实践

在高校教育改革过程中,第一要务是调整自身的教育观念,不再过于关注学生的理论知识学习成绩,而应当迎合当前社会发展需求,跟随社会就业做出相应的教育改革。新时期的高校教育的本质目的在于培养高素质的人才,而在人才的创新培养过程中,应当遵循新课改提出的教育要求,且要随着学生的就业需要做出多方面的教学调整,以提高实际的教育质量。在教育观念的改革与实践中,高校可以着重从以下几个方面开展:

第一,高校应当创新基础的人才培育理念。转变传统的理论知识教育,深入落实生本教育思想,更多地在课堂教学实践中考虑学生的成长需求,只有将学生的成长放在第

一位置，才有助于高校教育的进一步完善。高校学生的成长方向不应该局限在课堂知识的学习上，而应当延伸到各方面的实践内容上，这对学生以后的就业和社会成长有着最为直接的影响。为此，在生本教育理念引导下，高校教育教学应当拓展基础的教学内容，一方面加强对学生的理论知识教育，提高学生的理论认知水平；另一方面应当培育学生的社会意识和实践能力，致力于通过不同教学手段提高学生的社会认知，帮助学生生成更加全面合理的就业思想。

第二，高校应当采取全新的教学模式。以往的高校教学多数采用了直接的灌输式讲学模式，整个课堂都是由教师讲解知识，学生在讲台下处于被动的听讲状态，这样的教学模式难以激发学生的学习活力，还会影响学生的学习质量。为改善这一状况，高校需要从教学方式的拓展出发，不断探索全新的课堂教学模式，尝试将课堂时间还给学生，鼓励学生展开积极的自主学习，逐步提升教学的综合有效性。

第三，理论教育与实践教育相融合。高校教育是学生进入社会的关键教育阶段，因而需要为学生以后的社会成长服务，对基础的教育进行实践拓展，可以促使学生在提升理论认知的同时，逐步加强综合实践，提升学生的社会适应能力。理论与实践相融合，指的并不是在理论知识教育的基础上，更多地开展一些实践活动教育，而是理论知识教育的一种实践拓展，即学生需要在学习理论知识的同时，将这些理论知识科学地应用到生活实践当中，为学生的生活提供相关指导，进而提高学生的社会认知与实践能力，为学生以后的生活实践奠定扎实的基础。

二、高校教育教学管理的创新实践思路

对于当前的高校而言，教育教学管理的实践水平将与它的发展直接挂钩，如若没有完善的教育教学管理体系，必然会产生较多的不利影响，难以推动高校的健康发展。为此，在新时期的高校教育教学管理当中，应当对基础的教育教学管理方式进行创新，建立科学完善的教学管理体系，推动教学质量的稳步上升。

（一）树立系统整合思想，创新基础的教学管理方式

高校教育的本质目的在于培养高素质人才，因而在教育教学管理的创新过程中，需要将培养人才作为核心目标和实践方向。在教学管理的优化上，高校应当引导全体教育工作者树立"生本教育"理念，坚持将学生的成长放在第一位。在教学工作的开展过程中，不仅需要重视学生的成长，同时还需要关注教师在学校的地位，进而从根本上解决教学问题，提高整体的教学活力，推动学校的改革进程，带动学校各项教学管理方式的创新。教学管理是一个完整的系统，高校应当关注这一系统的实践性与有效性，充分结合当前

时代的管理理念展开优化。教学管理的本质目的在于完善教师的教学工作，进而提高教学质量，因而，在教学管理体系的改革上，高校应当紧紧跟随学生的学习成长进行优化，将改革与创新作为主要的推动力，注重教学管理创新，形成全新的教学实践模式。一方面提升教师的工作积极性，形成更高质量的教育实践过程；另一方面带动学生的学习活力，促使教师与学生之间的交流合作更加密切，以提升最终的教学质量。

（二）优化教学评价体系，创新教学奖励机制

对于高校教育教学管理而言，教学评价体系一直属于非常关键的内容，其不仅能够影响基础的教育质量，还会对实际的教学管理形成直接的作用。为了提高教学评价体系的科学性，高校教学评价体系应当朝着系统性、实践性和综合性的方向拓展，以建设最为健全的教学评价体系，实现对教职人员工作的全面评价。在评价过程中，高校应当保证评价的标准完善科学，不能过于一致，需要根据不同的教学内容制定相应的考核标准，并且将评价主体分为三种，分别是学校评价、教师自我评价以及学生评价。由于学生是教学活动的主要参与者，因而在评价体系中需要占据较高的比例，以确保最终评价的准确真实性。在教学评价体系建设过程中，为了进一步提高教职员工的教学活力，高校还应当建立相关的奖励机制。在制定奖励机制时，高校需要考虑到教师的教学质量、课程实践、教学创新等，以迎合高校教育管理的持续改革趋势，为表现突出的教职人员提供较高的奖励，使教职人员能够主动形成良好的工作态度与工作意识，稳步推动教学管理工作的科学开展。

（三）提高教职员工素质，创新教学实践方式

在高校教育教学管理实践的创新过程中，不同素质水平的教职员工所发挥的教学管理作用也会有所区别。由于新时期的高校教育开展面临着许多全新的挑战，因而有必要提升教职员工的教学素养和管理素质，以创新教学实践方式，为学生的成长带来全新的教学体验。只有具备先进教学素质的教职员工，才能够迎合新时代的教学需求，结合自身的专业学科特征，选择最为合适的教学方法和活动形式，提高实际教学成效。高校在优化教职员工素质的时候，不可以再将关注点完全集中在教职员工的知识教育上，而需要将重点放在教职员工的实践、创新能力上，以确保教职员工能够紧紧跟随时代步伐，不断创新和完善基础教育形式，持续提高教学活力，为学生综合素质的成长奠定良好的基础。此外，高校还应当对教学实践方式进行统一的创新和完善，要求教师加强对学生课堂学习主体性的关注，不再采用以往的灌输式教育模式，积极尝试开展学生主动学习拓展活动，引导学生生成完善的学习认知。教师在学生自主学习的过程中，应当发挥自身的引导功能，

帮助学生形成良好的学习思想和习惯，及时纠正学生学习方法上的不足，进而改善最终的教育成效。

在当前时代的发展中，社会对人才的需求发生了很大的变化，许多企业在招收人才的时候不再过于关注学生的基础学科知识，而是对他们的综合素质有着较高的关注度。在这样的状况下，高校应当迎合当前市场人才需求变化，积极优化基础的教育教学管理体系，努力形成全新的教学实践方式，逐步建立完善的教学管理机制，推动高校教育教学的健康发展。

第三节　高校教育教学管理信息化

为适应现代社会高等教育教学发展改革的需要，提升高校教育教学管理水平是很长一段时间内高校教育教学管理的重要改革方向和工作内容。高校必须积极制订合理的方案，探索有效的方法，促进教育教学管理信息化水平的提升，从而满足教学管理需求。本节就高校教育教学信息化管理的现状进行分析，然后结合实际探索了高校教育教学管理信息化水平提升的创新思路，以期为高校教育教学信息化管理提供参考。

在现代社会，高校如何适应时代的发展，如何提高自己的教育教学管理的信息化水平，是现阶段高校教学管理工作的重中之重。高校必须对自己的教育教学管理水平进行精准的定位，才能制定出有助于提升高校教育教学信息化管理水平的相应策略，从而推动高校教育教学管理信息化水平的提高。

一、高校教育教学信息化管理的现状

现代社会是信息化的社会，计算机的普及、互联网时代的快速发展，意味着高校必须加强信息化管理。当前，高校在信息化管理方式的改革与发展过程中还存在发展不均衡、特色不明显等问题。在我国，高校的日常办公、学生的日常管理等都有着各自的一套信息化管理系统和信息化管理手段，但是由于它们是相互独立、互不联系的，因此给提升高校教育教学信息化管理水平增加了难度。因为各个独立系统表现出的多样性，操作起来相对复杂，这就导致各个系统不能及时有效地为全体高校师生提供服务。在我国，高校在推行信息化管理的过程中，措施也是比较落后的，大部分高校没有专门的信息化系统来支撑管理工作，这成了阻碍高校信息化管理水平提升的一个重要因素。

二、提升高校信息化管理水平的关键环节

随着高校教育教学信息化管理水平的不断提高，在当前高校信息化管理过程中应该如何综合运用各类信息技术来改进当前信息化管理工作的现状，从而达到提高管理效率的目的呢？

提高整体管理人员的综合素质，增强管理人员对于信息化手段的应用。高校管理人员可以说是整个高校管理系统的掌握者和操作者，系统是否能正常运行，教师是否能正常工作，学生是否能正常学习，信息是否能正常传递，都取决于高校管理人员的综合能力。但是，由于当前高校对管理人员的重视程度并不是很高，资金投入也有限，相应的考核体系也缺乏信息化运用能力，导致管理人员的信息化意识比较薄弱。这也就反映出，如果想要提高高校教学的信息化管理水平，就必须重视对教育管理人员的培养，并且相应地提高教育管理人员的工作待遇，从而激发教育管理人员的工作积极性。

利用网络即时通信工具加强管理过程中的沟通。目前高校信息化管理方法的滞后性会导致信息在不同人员之间传递的准确率降低，但是互联网信息技术的迅猛发展则为这种信息传递提供了很多行之有效的方法途径。例如，利用即时通信工具QQ群、微信群等，或者通过建立各种网站或者论坛等，将信息在服务对象之间、师生之间准确地传递；管理人员也可以利用这种方式在线上及时地解决各类问题，这种信息传递方式在一定程度上增加了学生和教师之间的交流，同时实现了师生之间的信息共享，不仅能提高管理人员的工作效率，同时也能适应新时代下信息化发展的需求。

完善教学信息化管理机制。教育教学信息化管理系统的建立，不仅要考虑管理者的需要，同时也要考虑信息传递的需要，在不废除原来管理系统的基础上，增加信息化管理功能，从而实现在统一系统下的综合管理。要使教学管理系统发挥最大作用，必须在前期有针对性地对教育管理人员展开调研，并在使用过程中对系统进行实时监控，根据实际情况进行完善，最大限度地发挥系统的实用性。在整个教学运行管理过程中，所需要的信息往往来源于不同的部门和不同的管理人员，这就需要运用现代数据库技术，实现数据的分级存放，提高数据的使用率。

加强高校信息化系统的硬件建设。只有高校信息化系统的硬件设施完善了，才能最大限度地实现高校信息化管理制度的顺利推进，这也是充分发挥软件系统各项性能的保证。在一些高校中，由于硬件设施陈旧，导致教师与学生无法正常工作与学习，阻碍了高校教育教学管理信息化的发展。以教学管理系统为例，早期的人机交互排课、等级考试报名、成绩登录查询等较为低端的信息化管理模式对服务器的要求并不是很高，因此，很多高校基于有限的经费会选择能够满足目前需要的服务器配置。然而，随着学分制的推行，

以及网上选课、就业跟踪信息等模块的开发，对服务器的配置要求大大提高，尤其是学生集中选课时，网络并发量骤升的问题直接指向服务器配置过低。为了提高高校的教学管理信息化水平，实现教师与学生之间的信息共享，高校必须适当地增加系统硬件设施的资金投入，尽快更新落后的教学管理配套设施，提高高校的信息化管理水平，便于教师与学生之间的信息交流与资源共享。

三、新形势下高校信息化发展思路探索

在当今的新形势下，高校学生的管理工作出现了许多新的问题，信息不能有效地传递、任务不能有效地完成等都是管理工作中不可避免的问题，环境、对象、任务等都发生了很大的变化，高校如果不能很好地适应这种变化，只是一味地重复之前的老办法，遵循以前的旧思路，往往会适得其反，因此，高校必须要认清当前形势，在高校学生管理工作中除旧迎新，探索出更多改革的道路。

在传统文化的影响下，高校的教育和管理制度较为封闭，但是随着东西方文化的交流，高校学生的世界观、人生观和价值观也发生了改变，对各种教育信息的需求也大大提高。这就愈发需要有一种高效、快捷的管理与服务手段来适应现代信息化教学管理的要求，因此，只有不断提升教学管理信息化水平，才能满足学生多样化、个性化需求，提高教学管理质量，从而加快教学改革的步伐。

提高高校教学管理的信息化是高校教育快速发展的必然要求。近年来，高校招生人数虽然大幅度增加，尤其是学分制的推行普及对教学管理信息化的要求大大提升，但是管理人员基本稳定不变甚至人数缩减，且传统的办公模式都是人工操作居多，人工操作需要很长时间才能完成资料管理、课表安排、学籍管理等烦琐的工作，尤其是学分制管理模式下很多工作无法经人工完成，所以教学管理信息化改革势在必行。

实现教育教学信息化管理有助于实现教学管理的规范化。信息化管理不仅实现了信息资源的高速共享，同时还促进了各个部门的相互合作，这也在一定程度上实现了教学管理的规范化，实现教育教学信息化管理则有助于提高教学管理的质量。信息化让各个部门之间的相互联系增多，这样既能快速地传递信息、上传下达，又能提高教学管理的效率。信息化的管理还可以充分实现资源共享，充分考虑外界因素，进行信息化的教学管理，有效且合理地配置教学资源，从而达到既定的教学目标。

随着知识经济时代的到来，高校教育教学管理信息化也应该做到与时俱进，完善信息化管理系统，制定合理的信息化管理机制，加强高校信息化系统的硬件建设，强化教师的培训力度和考核机制，这样才能充分发挥教育教学管理信息化在高校的重要作用，从而满足现代社会发展的需求。

第四节　新媒体在高校教育教学管理中的应用

在高校教育教学管理过程中，教师通过新媒体的使用来不断发展新媒体教学管理内容，通过新媒体的服务属性来提升高校教育的教学引导属性，本节笔者就新媒体对高校教育教学管理带来的冲击及对策研究进行简单分析。

随着我国新课程教学改革的深入，以及新媒体的不断普及，越来越多的高校教育开始重视新课程教学改革的理念和发展思路，高校教育管理工作中对新课程教学改革的研究也在不断深入。在这样的教学发展环境和背景下，新媒体的发展速度和实践检验成果就有了一定的成绩，新媒体的教学管理形式以及其教学模式固有的优点都在一定程度上有利于其传播，这也就变相地增强了高效教学管理发展的效率。

一、新媒体教学模式固有优势分析

新媒体的发展和应用对高校教育教学而言是一个全新的机遇。作为信息化时代下的产物，新媒体凭借开放性、即时性和互动性等特征迅速实现了普及，在极大地提升信息传播效率的同时也丰富了信息资源的内容，并提升了质量，使得各行各业的人都能从新媒体中获取对自身有价值的信息。在高校教育教学管理工作中，新媒体为其提供了海量的数据资料，拓宽了教育教学管理的渠道，使之更加人性化和多样化。新媒体主要以平台的形式出现，这是一种由光、电、声音相互结合而产生的适合不同时间空间的人们相互交流的虚拟场所，尤其适用于高校灵活多变的教育风格。新媒体通过创造一种大学生乐于接受的教育氛围和情境，成功地在教师和学生之间架起了相互信任的桥梁，符合大学校园自由平等的理念，同时也便于教育管理者进行价值观输出和思想熏陶。正是因为以上种种原因，新媒体教学模式才得以在高校落地生根，且目前已经发展到了新的阶段。

从我国目前的高效教学应用和发展来看，新媒体教学模式的固有特点和优势在于通过新媒体本身可以建立良好的公众平等交流平台。在这个平台上，学生与教师、教师与教师以及学生与学生之间都可以进行良好有效的交互式沟通，不仅可以表达自己对不同事物和不同教学内容的理解，同时还能接受不同的教学信息和别人的认知理解。在这个开放的半社交平台上，新媒体教学模式由于其固有的开放性很难实现信息的批量处理，这就在一定程度上放宽了平台信息的来源和检验能力。从我国目前的新媒体教学模式发展实践来看，其中不正常的伪教学信息和诱导性虚假信息也会时常出现。由此可以发现，这样的平台管理还是不够完善的。

将其优劣同处于一个条件下可以发现新媒体教学模式的其他优势，如信息流通的速度要远远优于传统教学模式，而且通过新媒体教学模式进行的信息传播往往可以实现新闻的时效性，从根本上提高高效教学管理的基础价值。相较于传统的教学模式，新媒体教学模式的多元化内容是非常有价值的，越来越多的新媒体平台开始出现在高校校园中，这样不仅变相地增强了学生学习资源的丰富程度，还能在一定情况下实现平台之间的优胜劣汰，让高校教学管理从根本上进行完善和改革。

二、新媒体对高校教育教学管理带来的冲击

在我国当前的新媒体平台中，比较突出的有微信、微博等，从高校学生的使用情况就可以看出这两个新媒体平台的普及程度。学生之间每天都会通过新媒体进行互动和信息交流，不断在平台上树立自己的形象，增加与他人沟通的影响力，这些新媒体平台所蕴含的信息交流价值是巨大的。

在教学内容管理上，新媒体教学模式从根本上改变了传统教学模式的弊端，让教师在高校阶段的教学课堂中不再局限于传统的教学思路，在平台化的教学模式和教学发展中，教师有了更加多元化的教学手段和教学思路。就教师本身来说，新媒体教学模式不仅可以帮助其完善自身教学素养，提升自己的教学水平，还能在最大限度上帮助其实现与学校教育教学发展的关联性。教师在不断实践探索的过程中挖掘自身的教学问题，通过新媒体教学模式帮助整个科目教学建立良好的教学体系，而且新媒体教学模式的公开性质使得教师不会因为传播途径受到负面影响，对于教师自身的教学水平和教学规划产生了一定的推动力。

新媒体教学模式本身具有的平台价值对于高校教学建设发展具有非常大的冲击，除了上文所提及的部分优势和发展方向外，新媒体教学模式还在一定程度上为高校教学建设管理带来了负面影响。新媒体教学模式简单来说就是平台化教学的推广，在高校教师实践高校教育教学的过程中，平台的推广会伴随一些教学之外的内容进入学生视野中，这些信息对学生的影响不能保证都是正面的，学生接触到的不利因素越多，对学生的影响就越大，如近几年影响特别恶劣的校园贷款等。

在师生关系上，由于新媒体技术能够扩大学生与外部世界的广泛联系，学生可以利用网络等各种现代通信技术与其他学生、教师甚至学科专家交流。如此一来，师生之间的关系日趋平等，传统教师所固有的权威感逐渐丧失，只要教师授课稍不注意就可能受到学生的抵制或抛弃。

作为高校教育管理的重要组成部分，对大学生的思想道德教育这部分工作内容主要体现在树立大学生的社会主义信念和价值观上。目前，我国高等教育的思想道德教育的要求是让社会主义核心价值体系成为青年思想行动的根本价值取向和行为准则，但在新媒体时代，网络社会输出的不仅有各种信息，还有各种思想、观点和价值观念。显然，新媒体时代的一大特征是信息传播的极度自由化。由于其极度自由化的特点，如果社会管理者无法对其进行有效监控，就会导致诸如宣传暴力、迷信、赌博和色情信息的大肆传播；更有甚者，极端宗教主义、分裂分子也可以肆无忌惮地大行其道。

在生活习惯上，新媒体改变了现实大学生活中的许多模式、程序与规则。以网络为代表的新媒体的虚拟性是一把双刃剑，既可以带给大家一个自由、平等的环境，但缺乏真实情景中的情感流露和人格感染，会对人际交往产生较大的影响；而且新媒体教学模式的开放性使得很多不良企业和商家发现其中的商机，在煽动学生消费的同时还要利用学生周围的社交关系，引导学生产生变相的心理偏激。很多高校的学生在学习过程中喜欢用新媒体来宣泄自身的不满情绪，这些言论如果得不到及时的把控和更正，就会对整个高校建设产生巨大的不利影响，带来严重的教育教学发展后果。

三、高校教育教学管理应对新媒体冲击的对策

（一）重新审视新媒体教学模式的应用现状

在新媒体教学模式的实践发展过程中，高校教育教学应该伴随着新媒体的渗透而不断前进，在日常的教学环境和教育建设中搭建更多有效的、多元化的教学新媒体，通过这些新媒体来增强学生对学校建设的关注程度，提高学生对学校教育建设安排的认知程度。高校在自己建设新媒体平台的过程中不仅可以提升学生的学习兴趣，还能从根本上改善上文所提及的新媒体利用中的弱点。

高校建设的新媒体教学平台从本质上来说，具有新媒体教学平台的优点，即传播速度快、信息包含广、平台公平公开性良好等。学生与教师在这样的新媒体平台中所能展现的自身价值更加明显。学生在高校学习过程中可以将自己对学习的理解和习惯的养成发布到新媒体中帮助其他同学，教师可以在新媒体平台中展现自己多元化的教学方案和教学内容来帮助学生和其他教师，这样不仅可以有效地实现教育管理工作的全面提升，还能让新媒体从根本上实现教育教学的基础利用价值。

从我国当前的新媒体教学建设来看，还有很多的不足之处需要广大教师和工作人员进行改善。首先需要提及的就是新媒体教学平台构建过程中平台的特性不足，微信、微博等新媒体所能利用的价值是非常简单明显的，而教育教学在发展新媒体技术的过程中所

需要考虑的不仅仅是社交环节,更加需要关注的是教育教学内容的深入落实,使得高校建设的新媒体平台能很好地满足学生的兴趣需求。

教师在利用新媒体教学平台的过程中往往很难实现其他平台固有的特殊属性价值,学生在高校新媒体教学平台中的使用频率和使用黏性很低,而且其他新媒体平台的舆论引导和多元化信息对学生的诱导能力非常强,就当前高校新媒体建设情况来看,还需要不断在新媒体平台建设中树立良好的价值观,让学生可以正确解决不同的学习问题和生活问题。与此同时,教师应尊重学生的学习主体地位和个性发展,实现教育观念的转变。这是因为新媒体环境下的现代人才标准已经逐渐体现为对学生素质的综合性、全面性的推崇,并延伸为注重学生的创新精神、实践能力与协作能力,注重学生的心理素质和竞争品质。将"以人为本"的观念贯彻在高校教育管理的日常工作中就是在高校内进行人性化管理,最主要的是要让教育管理融入学生生活的每一个方面,这就要求学校的管理层要关心学生的内在需求,通过合适的引导与教育来提升这些需求,从而将这些需求引向一个更高的层次。

在新媒体环境下,高校应对传统教育管理的内容有所扬弃。在新媒体盛行的今天,我国大学生的教育管理内容不应单单局限于传统意义上的教育内容,我们必须拓展教育管理内容的广度,赋予大学生教育管理更多、更丰富的内涵,将时代发展和大学生的全面发展诉求与大学生教育管理相结合,建立针对性和实效性强的开放创新的大学生教育管理内容体系。笔者认为应从优化大学生教育管理的内容结构入手,全面提升当今教育管理内容的时代适应性,在提高教育管理者对新媒体时代和新媒体技术认识的基础上,加强虚拟环境中的精神文明建设,引导大学生认识网络世界的本质,让他们知道网络其实存在很多虚拟性和不真实性,培养他们在翱翔于多彩斑斓的网络世界时自觉控制好自己的言行,避免沉迷于虚拟的网络世界而无法自拔的情况发生。

保留和继承传统教育管理中有积极意义的东西并把其发展到新的阶段,是我们开展变革的非常重要的任务。对此,我们应该把握住传统教育管理中的教师形象的实质,即使在新媒体环境下,教师仍然要坚持自己作为一名道德模范的职责,作为教育主体,是德育教育过程的组织者,应起主导作用。教师自身的表率、思想行为、作风品德、工作态度等无时不在感染、熏陶和影响学生,这是一种生动、直观、极具说服力和感染力的教育手段。

事实上,高校的教育教学建设不仅需要广大教师共同努力通过实践来实现,还需要学生在使用过程中不断地尝试和提供意见,让新媒体教学模式在高校教学管理中真正实现新媒体平台的价值,为学校的活动推广进行宣传,成为学校特殊事件的引导平台,有效地实现学校的公益活动,帮助学生实现综合素质的培养和学习习惯的养成,同时有效增加新媒体教学平台的社会属性。

(二)制定具体措施以发挥新媒体的价值

首先,高校应积极转变教育观念,尊重学生的学习主体地位和个性发展需求。新媒体的发展使得当今社会的人才衡量标准发生变化,越来越倾向于从综合与全面的角度考查学生的素质,并逐渐延伸至对学生实践能力、协作能力、创新精神以及心理素质和竞争能力等的考查上。在这样的背景下,高校教育教学管理必须整体上升到一个全新的层次,根据社会需求培养优质的人才,只有这样才能最大限度地利用好新媒体技术和平台。

其次,高校应及时地完善教育教学管理评价体系,提高教育管理者的素养。新媒体对高校的冲击迫使高校要重建大学生教育管理评价体系,且要遵循"以人为本"的理念将原来简单、粗糙的评价指标进行合理细化,从而对新媒体时代下大学生的教育教学管理工作起到规范作用。而想要构建满意的评价体系,高校教育教学管理者就应相应地提高自身的新媒体素养。准确地说,高校教育管理者应从基本理论入手,在掌握基本理论的前提下不断学习新媒体技术以达到随心所欲地应用,这样才有可能在实际工作中发挥新媒体的价值。

再次,高校应努力拓展教育教学管理的新阵地。新媒体时代下高校教育教学管理平台必须与时俱进,换句话说,就是要开辟出利于大学生成长的"第二课堂"。对于学生而言,开拓"第二课堂"有利于其形成独立的人格,促进其综合素质的提升。"第二课堂"本身便于提供丰富多彩的课外活动,这些活动的开展可以反过来帮助教育管理者及时地掌握学生的思想行为动态。长此以往,教育管理双方可以在深层次接触的过程中增加对彼此的感受和认同,这不论是对大学生的成长还是教育管理者的工作都具有积极意义。

最后,高校必须对传统教育教学管理的内容有所扬弃。高校在全面实施新媒体教学模式的同时,在教育教学管理的内容上也应该进行合理取舍。传统意义上的教育教学管理内容不论深度、广度还是指向性都较为不足,急需注入更丰富的内涵,建立更加具有针对性、时效性和开放创新的大学生教育教学管理内容体系。具体而言,高校可以从优化大学生教育教学管理内容结构入手,从整体上提升内容的时代适应性,进一步加强虚拟环境中的精神文明建设,引导大学生认识新媒体的利弊,避免其沉迷在网络世界中而丧失思考能力及与现实沟通交流能力。此外,高校也应对传统教育教学管理中的有价值内容进行保留和继承,甚至可以考虑利用新媒体将其发展到新的阶段。当然,这一过程离不开广大教师的努力,作为教育教学管理的主导者,教师要坚守自身道德楷模的职责,将新媒体化作一杆旗杆,撑起社会主义和时代精神的大旗,带领学生走向光明、美好、健康的未来。

我国的新媒体建设程度在世界上也属于一流，而新媒体平台在高校教育教学管理的发展过程中如何实现其特殊的价值和意义的问题，还在不断探究发展思考的过程中。这个过程需要广大教育工作者共同努力，在不断实践的过程中发现新媒体教学建设的特点，针对传统高校教学管理的弊端在新媒体教学模式中寻求解决方式，让新媒体教学模式真正成为新时代具有特殊教学价值的模式。

第五节　就业观视域下的高校教育教学管理

就业是高校教育教学管理的生命线，是人才培养的重要任务所在。本节笔者从就业观视域出发，对H省的六所高校进行问卷调查，发现当前高校教育教学管理的现状并对满意度和存在问题进行分析，根据现状得出高校教育教学管理与就业之间的关联，并给出相应的建议和发展路径，以期为高校教育教学管理提供理论和实践参考。

就业是高校人才培养的落脚点，也是衡量高校教育教学管理水平的关键性指标。市场对人才的需求呼唤高校教育理念的不断更新。如何调整高校教学教育管理发展，是新时代的必然要求。

一、就业观视域下高校教育教学管理现状

高校教育教学管理的探索和发展，其服务的对象是学生，以学生为根本，培养高素质高水平的综合性人才是完成学生向社会角色的转变。明确高校教育教学管理的现状，就是要准确把脉，理顺条理，掌握关键，抓住症结，为进一步革新教育教学管理提供基础。

教育教学管理存在滞后性。高校培养目标的设置关系学生培养的方向，既是培养学生的依据，也是高校教育教学的出发点。从调查结果来看，培养目标的设置明确，能被90%的学生所了解，这与培养目标的明确性与强化和再教育有直接关系。学生根据培养目标制订在学期间的学习目标，具有指挥棒的作用。在课程设置方面，50.1%的学生表示设置内容与就业实际要求脱节，该问题值得引起高度重视。从教材的实用性角度看，42%的学生认为教材的知识更新速度慢，覆盖的知识程度与实际知识更新匹配存在信息不对称的情况，专业所学的价值则因专业而异。从整体趋势上看，理工科的实用价值高于文史哲类的专业实用性，艺术类的专业实用性较高，但高质量高层次的社会需求量有限。针对该问题，既要调整对文史哲专业的有效性投入，又要加强艺术类专业的高素质培养。

从教学方式上看，72.6%的学生认为当下高校的教学方式有所改进，能运用现代教学手段进行授课，但仍存在问题，集中表现为有些教师上课照本宣科、内容不新、授课呆板、没有互动等。在考核方式上，学生认为科学考核的仅占33.3%，有2/3的学生对考核方式存有意见，集中表现为考核内容强调记忆性，缺乏灵活性，课堂考核和期末试卷考核所占比重不合理，不能有效衡量学生在科目内的真实水平。从教师印象方面来看，教师在教育教学中所扮演的角色起着关键性作用，也直接关系着学生的成长。调查结果显示，82%的学生对教师持有满意的态度。

教改实施上社会实践成为薄弱环节。针对教学改革的情况，调研结果比较集中地反映了存在的问题。从教学效果上看，教学内容与实际需要存在脱节现象，知行合一的能力成为教学中的薄弱环节，直接影响学生的实际应用能力，同时也是教改中关键、急迫的问题。要提升学生的社会竞争力，就要侧重于提高实践能力的训练，增强操作水平，有针对性地教学，做好实习工作的安排，增加实习课时，加强管理，落实实习的实际操作性。关于学制的调查数据显示，87%的满意率显示了弹性学制对学生的发展有积极作用。

二、就业观视域下高校教育教学管理的重要性

高校教育教学管理本身是决定就业的基础条件。高校就业问题已经成为社会性问题，这一问题凸显的原因多元。高校扩招，生源数量增加是就业难的表象；就业渠道在体制上和政策上的不完善以及地域的区分成为就业难的另一障碍。这二者作为外因而存在。就业难的真正原因归属于高等教育本身，其所彰显的问题是本质性的，即高校所生产的"产品"——学生是否能满足社会的需求，在竞争中是否具备核心竞争力，是否有应变能力接受市场化和社会的需求。学校这个主体需要具备完备的功能和前沿的理念，在高校教育教学管理中所涉及的目标、专业、内容、手段才能适应瞬息万变的社会发展需要，才能培养德智体美劳全面发展的个体人。只有从内因入手，从根本上解决问题，才能学有所得、学有所用，才能缓解需与求之间的矛盾。

高校教育教学管理灵敏性是就业的制约因素。高校教育教学是长期积累而形成的，但高校教育教学管理体制的局限性阻碍了市场化需求的适应能力和反映状态，高校教育教学管理自主权少，受体制内的多重管理，致使灵活性差。高校教育教学管理应在教育规律的基础上适应时代的要求，不断更新交替所形成的相对稳定的系统。新时代的发展日新月异，社会对人才的需求是"招之即来，来之能战"的出校门即能上岗、上岗就能创造出利益的毕业生。

高校教育教学管理是创新就业理念的依据。高考扩招计划的实施有一定的历史背景，

在特定的历史下做出的适应性决策，符合当时社会对人才的要求。一方面，从数量上增加以追求国际上的高等教育入学率问题，学科体系和专业设置与市场需求的关联并不密切；另一方面，在高校与市场供求关系越来越正相关的情况下，毕业生的质量成为就业的关键因素，同时也是衡量高校质量的硬性条件。高校教育教学管理需要在坚持原有优势的基础之上，适时做出调整，革新知识体系和架构，调整学生的整体素质，这是检验高校治学水平的基本依据。社会口碑、用人单位对毕业生的评价反过来也会增加高校的信誉，有利于招生的质量和数量。双赢的循环机制要求高校教育教学管理必须树立正确的观念，从核心竞争力入手，培养有战斗力的学生，从而实现高质量就业。

三、就业观视域下高校教育教学管理的改革路径

教学改革应与时俱进。教育教学改革的先导是教学理念，理念的现代化决定了教育改革落地的方向。以教育素质为核心，推动教育教学管理改革，就要明确教育实施的主体，针对"以生为本"的核心理念进行策略调整，明确教师的定位，从调控和服务两个角度完成教师的角色转变。在教与学的实践教学过程中，应增加师生之间的互动环节，减少"一言以贯之"的教学模式，提升教学的互动性，实现教学相长，增加学生在教学中的自觉性和主动性，从知识的传授向人才素质培养，实现人格塑造的角度转化，提升学生的综合素养和健全人格。在专业设置上，要进行特色专业的建设和教育，通过教学体系的建设，落实研究性的层序教育法，将学生从捆绑中解放出来，打破传统的教育束缚，摒弃教育陋习，实现教育的可持续发展。要革新教学方法，从问题入手，采用开放多元的教学方法，激发互动，提倡引导，启发探究，鼓励发散，课上课下串联，线上线下交流，提高教学质量。优化教学手段，强占现代化的阵地，引入多媒体和自媒体，利用大数据和云教育手段增加信息量，分析数据，把握规律，预测前景和趋势。评价体系也要与时俱进，唯分数已经成为过去式，现代化教育评价体系是涵盖多元的，既要有量化的指标，又要遵循科学的评价系统，教师与学生的互评成为评价体系不可或缺的必要元素，师生相互监督、相互评价、相互成长。

以制度建设健全机制。高校教育教学管理是一个系统，实现内外的相互作用，要整合子系统的功能，使系统内的各部分能充分发挥能量，是健全教育教学管理机制的重要途径。在制度上，要常抓常落实，在稳步有效的发展基础上，发展教学管理制度，全员参与教学，全校参与管理，在课业结束后、选课前对教师实行评课制度，实行月抽查，对学生进行每学期一次的抽样调查。在教学管理过程中，要明确落实各环节的作用，制定特色的办学目标，有计划，有总结；要主次分明，统筹各部分力量，人尽其才；要协调力量配比，

确保力量均衡；要客观评价教学质量和效果。在各个环节上，有布置，有检查，有落实，有改进，缺一不可，环环相扣，环节之间构成互利的条件、基础，确保工作链条衔接顺畅，管理效益增值。集合反馈信息并认真总结，查缺补漏，与预期目标进行比对，调整实施策略和手段，确保教育教学管理的总体目标不偏离。

以实践教学促进教学管理。增加实践环节是专业学习与社会需求对接的关键环节。社会实践课要赋予一定的学分，将实践的质量纳入高校学分范畴之内，作为考核的一个重要指标，使学校、学院及学生三个层面都重视起来，提升自觉性。社会实践活动有助于实践能力的培养，利用寒暑假的时间开展实践活动，并将其纳入教学体系中，要确保活动的质量，给予活动支持，以活动计划为蓝本，配备相应的指导教师，在实践活动结束后进行总结。增加实习的时间，保证6个月的实习期。学校最好提供相应实习单位，与相关专业共建校企联盟，创建实习基地，分集中实习和灵活实习两部分。一方面确保实习的专业性，将所学进行实践检验；另一方面也为实习基地输送专业人才，提升实习的实效性。弹性学制的实施，为实践提供保障，学校要鼓励在学习的过程中提出要去参加实践或工作，工作回来继续读书的情况，这种方式更能明确学习的意义，放宽实习和保留学籍的门槛，推迟毕业年限，消除或减少因社会实践带来的学业压力。这是高校教育教学管理改革的重要方向，同时也是教育现代化、多元化的重要举措之一。

高校致力于教育教学改革是新时代的趋势，同时也是"以人为本"理念的实践，在改革中大胆创新，结合实际，结合市场，探索新模式，构建新体系，培养学生的核心竞争力已经成为时代的召唤。这项工作不是禁锢的，也不是一成不变的，其将随着社会的变化而不断发展变革，与时俱进。

第六节　高校教育教学管理创新要以人为本

教学管理在高校教育综合管理中占据着重要地位，传统的高校教育教学管理责任主体主要是行政教育人员，教职工主体地位不明显。随着教学制度改革的深入，这种缺乏责任主体意识的制度已经不能够满足时代发展的需要，因此在高校教学管理中应该改革创新，以人为本，进行科学改革。

高校最重要的职责是培育人才，因此其教学功能是高校最主要的中心工作。在高校教育管理工作中，教学管理是非常重要的一环。近年来，由于高等院校实施扩招，我国在高校管理体制以及运行模式方面存在的问题逐渐显现，传统的高校教育教学管理模式未能完全摆脱计划经济时代形成的行政指令教学管理形式。面对新形势的教学管理要求，要想提高高校教育教学质量，为国家建设培养高质量的专门人才，就必须建立符合现代教学管理体系的科学化教育机制。在教育教学管理中，应该以人为本，让广大教职工成为教育的主体，充分发挥其主人翁意识。

一、目前高校教育教学管理中存在的弊端

计划过于统一，缺乏灵活性。目前，我国高校实行的教学计划以及课程设置高度统一，教学大纲、教材以及教学方法难以创新，这就使得课程结构缺乏灵活性，学生选择的空间较为狭窄，教学内容很难跟上时代发展的潮流，与高校培育新时代高素质创新人才具有较大的差距。

计划执行过于强调强制性。高校教育教学管理多数属于行政型管理模式，其更加强调权威以及服从，特别是学校管理者与广大教职工以及师生之间缺乏必要的交流，对于计划执行的对象难以进行有针对性的分析，生搬硬套任务实施控制的较多，主动分析进行针对性服务的较少。

计划过于封闭。高校教育教学管理中整个教学计划以及教学改革措施民主参与度不高，同时缺乏必要的宣传以及咨询反馈评价机制，整个教育教学管理过于封闭。

计划评价过于形式化。行政型的高校教育教学管理模式基本以决策者作为中心，管理者基本上是信息收集的工具，且不具有改进决策的重要作用；所参考的评价指标不够科学，在工作中使用较多的是定性方法，定量方法分析使用较少，因此整个评价过于流于形式。部分学生对课堂的综合评价仅限于对教师的评价，因此难以对课堂设置以及教学内容的安排进行有针对性的反应。

二、构建以人为本的高校教育教学管理模式

教育教学管理思想要以人为本。"以人文本"的思想更加强调人的主体地位，特别是要发挥人的能动作用，增加对人的理解和尊重，为人才创造更大的价值创造有利的条件。在现代管理中，需要秉承"以人为本"的理念，这种理念能够产生巨大的凝聚力，形成一种奋发向上的动力和精神。在高校教育教学管理中秉持"以人为本"的思想，就是以人的发展作为根本，高校在实行以人为本的教学管理中，需要梳理学校为人以及学校树人的理念，要树立广大师生作为教育教学主体的地位，整个教学宗旨以及办学理念要以师生的发展作为前提，要保障教师和学生的根本利益，将培养人才作为学校工作的出发点以及落脚点，高度重视师生综合素质的提高，促进主体的地位提升以及师生的全面可

持续发展。

高校教学管理体系设置需要以人为本。高校教学管理是高校工作的重要组成部分，是实现教学目标的重要方法，高校需要根据统一的原则合理地对教学活动进行引导和控制。教学管理方法的实质就是引导出一种较为良好的教学环境，使师生在教学过程中能够较高效率地达到预先设定的教学目标。高校教育教学管理的水平将直接影响整个高校在教育教学中的秩序，并与高校教学质量密切相关，因此高校必须与时俱进，深刻把握高校教育教学管理这个指挥棒，秉持"以人为本"的发展观念，树立正确的人才培养体系，建立符合规律性的高校教学管理体系。

一方面，在课程设置上，需要尊重学生的心理以及情感规律。目前大学生一般在18~22岁之间，正处于青年时期，这一时期的大学生心理正在逐渐走向成熟，但是仍旧欠缺火候，不容忽视；另一方面，校园环境与社会环境存在差异性，且在校大学生的社会认知以及情感和意志品质等仍在发展中，因此高校在进行教学课程设置时，更需要因材施教，有针对性地制订教学计划，并且遵循大学生的心理特点以及认知规律，逐渐以学生作为根本的课程结构体系，将学生作为发展的主体。

在教学方法上更加注重学生的主体地位，将学生作为学习的中心。美国学者比尔对于目前高校的教育方法进行了比较科学的总结，他认为适应目前学科体系的教学方法一般包括三个步骤：第一，必须讲述一般背景，随之进行学科性的综合训练；第二，可以利用学科知识在实践中解决大量存在的问题；第三，可以将在各个学科均存在的交叉问题相互联系起来。这三个步骤同样适用于理科教育、工科教育以及文科教育，同时也适用于专业教育和研究生教育。教育教学有方法但是没有固定的方法，因此高校教师要充分地利用教育规律，在教学过程中把握原则，充分借助高效率的方法，因地制宜因时制宜，结合自身和学生的优势，形成自身独特的教学风格。高校教师肩负着培养国家专业性人才的重任，而且所培育的人才还要具有创新精神以及实践能力，因此高校教师要充分借助"以人为本"的发展理念，抓好教学三步骤，将目前以教师作为中心的教学体系转变为以学生作为中心的教学体系，故要特别注意以下几点内容：

第一，高校教师要将原有的以知识点的传授为重心转移到能力素质的培养上。在课堂教育中，教师要摒弃灌输式的教育模式，切忌照本宣科，在学科讲解知识演练的过程中，更加注重精讲精练，让学生多思考，注意培养学生的逻辑思维以及质疑能力，提高学生的思考能力。

第二，高校教师要充分借用各种形式充分调动学生的积极性，使学生能够深度参与课堂教学，在课堂教育中摒弃教师一言堂的传统模式。高校教师要鼓励学生以一种比较自由和放松的氛围进行学习，学习环境要尽可能自由，教学活动不拘于形式，以学生作为言传身教的中心。

第三，在课堂教学中更加注重师生之间的互动，教师在课堂教学中需要允许学生提出质疑，鼓励学生提出反对性意见，鼓励学生向自己提问。

第四，高校教师需要将素质教育以及专业素质二者之间充分结合起来，借助先进的教学方法，积极开展社会教学实践，为学生综合能力的培养创造良好的环境。

三、高校教师队伍建设要讲究以人为本

教育是百年大计。要实现中华民族的伟大复兴，振兴教育是关键，而教育的核心在于教师。因此从这个角度来看，教师队伍是进行教学实践的主体，也是整个教育系统中最为关键的建设。目前教师队伍建设面临较大的困境，教育理念变化较多，使得教师难以适应；部分教材内容变化较大，教师也难以适应。教师难度的增加更加说明社会对教师素质的重视，更加需要加强教师队伍的整体建设。高校在管理教师队伍时，必须要最大限度地发挥教师的积极性，建立健全管理机制，主要包括教师的评估机制、竞争机制以及教学活动的激励机制等；需要组织教师加强学习，增强自身的竞争意识以及责任意识，树立优异的教学理念，同时爱护学生、热爱学校、爱岗敬业，做一名合格的社会主义教师；要尊重人才，为塑造人才加强文化建设；在校园文化中营造较为浓厚的学习氛围。同时，高校教育教学管理部门也要对教师进行人性化管理，服务措施要落实到位。

高校目前在教育教学管理中出现了许多新问题，这些复杂问题对高校教学管理提出了更高的要求，而教师和学生的教学管理工作也面临着巨大的考验，这对教育教学管理工作者提出了更高的素质要求。因此在这一建设过程中，高校必须实现"以人为本"的教学理念，建设一支政治素质过硬、综合素质较高、作风较为优良的教育教学管理队伍。

高校在教育教学管理中要追求可持续发展的理念，不断增强自身的核心竞争能力。优质的教育教学管理理念有着十分重要的地位，其为培养高质量的人才提供制度保障，因此，高校教育教学管理工作要加强思想创新，坚持"以人为本"的理念，真正做到以师生为中心。

第七节 高校教育教学改革研究项目过程化管理

高校教育教学改革研究的直接目的旨在提高高校的教学质量。师生受益是教育教学改革建设的落脚点和可持续发展的保障。科学有效的管理制度是确保教学改革研究项目质

量的重点，过程化管理对教学改革研究项目从立项到结题之后的项目成果推广具有正面积极的导向作用。本节针对高校教育教学改革项目中存在的问题进行分析，从过程管理的三个方面进行规范化探索与分析，以达到进一步推动高校教育教学改革研究水平逐渐增强的目的。

教育教学质量不仅是高校永恒的主旨与话题，也是高等教育的根本所在。开展教学改革项目的立项，旨在鼓励高校的专职教师或者管理人员，围绕目前教育教学中面临的重点、难点或热点问题，开展研究或改革实践；引导教师潜心教书育人，培育高水平的教学成果，不断提高教育教学质量。提高高等教育质量的关键在于真正落实教学改革，教学改革是高等教育各项改革的核心。

我国的教育教学改革可追溯到 1985 年，跨入 21 世纪以来，我国高等教育进入了一个空前发展的时期。2018 年 6 月 21 日，教育部召开了改革开放 40 年来第一次全国高等学校本科教育工作会议，会议强调要坚持以本为本，推进四个回归，必须把"培养人"作为学校的中心任务；高等教学内涵发展更深一些，要着力提升专业建设水平，推进课程内容更新，推动课堂革命，建好质量文化。《教育部关于深化本科教育教学改革全面提高人才培养质量的意见》（教高〔2019〕6 号）和《教育部关于一流本科课程建设的实施意见》（教高〔2019〕8 号）指出课程是人才培养的核心要素，课程质量直接决定人才培养质量。为贯彻落实习近平总书记关于教育的重要论述和全国教育大会精神，落实新时代全国高等学校本科教育工作会议要求，必须深化教育教学改革，必须把教学改革成果落实到课程建设上。省级教育行政部门研究制订省级一流本科课程建设实施方案，制定推动本地区一流本科课程建设与教学改革配套政策；中央部门所属高校统筹利用"中央高校教育教学改革专项"等各类资源支持一流本科课程建设。40 多年来，无论是省级的教育主管部门还是各个高校，都通过教育教学改革研究项目的立项来促进自己学校的教学改革发展，进一步落实"以本为本、四个回归"的要求，加强对本科教育教学改革的领导。

研究高校的教育教学改革，除了要研究改革的内容，还要研究改革的管理实施过程。教育教学改革研究项目从立项到研究成果的推广，均受过程管理这一重要因素的制约。各个高校教育教学研究项目的过程化管理流程大同小异，实际上是一项综合性、应用性和政策性很强的工作，和教学管理的其他各个环节相互联系。想要抓好整个教育教学改革项目的质量，就不能忽视教学研究项目的管理。教学研究项目管理是高校教育教学管理的重要组成部分，科学有效的管理制度是确保教学改革研究项目质量的根本。

一、高校教育教学改革研究项目管理要逐步建立起信息化管理系统应用平台

以西安财经大学为例，其教育教学改革研究项目从 2004 年开始立项，2019 年立项项目达 660 项之多，平均每年立项约 41 项。单 2019 年一年的申报数量，就达到了 80 余项。随着科技的进步，教育信息化建设已然是丰富基础资源、提高技术水平、加强师资应用及其整合能力的基本途径。鉴于此，想进一步提高教育教学项目过程管理的时效性必须搭建相应的信息化管理系统平台。系统平台不仅减少了纯人工统计、核对的过程，也对不同年份、不同学院部门的项目申报数量和结题与否的状态实现了全方位的管理。通过教学项目信息化管理，能及时更新教学项目的过程信息，大幅度提高数据存储和提取的效率，形成一个科学有效的管理工作体系和流程框架。

另外，现在高校的青年教师比例增加，已经成为高校教师队伍的主干力量。无论是做教学还是搞研究，青年教师对线上系统的应用驾轻就熟，适应度更高，这也对教育教学研究项目的信息化管理提出了新要求。

二、教育教学改革研究的立项项目成果需要进一步转化推广

为有效推动教育教学改革，西安财经大学很早就设立了教育教学改革研究项目申报工作。例如，2010 年西安财经大学已经有教师申报关于课程翻转课堂的相关研究，也顺利完成了结项，但是直至近年结合开展翻转课堂、混合式教学，打造与本校课堂教学相融合的混合式"金课"才逐渐被重视起来。从这个例子中可以发现，部分优秀的且具有推广价值的教学研究项目缺少后期的转化推广，有潜在价值的教育教学改革研究项目尚未真正发挥实际的教学指导作用。

要想把教学研究项目的成果最大化，使教学研究部分项目真正发挥教改立项项目为教学实践服务的作用，让教师有效教学，推进学生学习，教学改革管理过程中应该对深化高等教育教学改革、提高教育教学质量具有重要价值的项目成果采取积极措施，促进项目成果在教学和管理工作中的转化推广应用，并对成果内容和应用情况加以大力宣传，使教学改革项目发挥最大效益。

在项目的申报上着眼于学校整体的发展战略思想，形成以人为本的评价和激励机制。通过完善高校教育教学项目过程管理的制度性文件，提高教学业绩奖励的额度以及在学校范围内的宣传，推动教育教学研究改革向更深层次、更高阶段发展。对于立项的教师，可考虑减轻其教学任务，把立项项目的实践推广作为宏观调控的手段之一，使其可以有更充足的时间投入项目成果的转化当中，这种机制充分考虑了学术激励和市场激励，可进一步提高立项项目成果转化的积极性。

同时，高校要考虑加强知识产权管理和保护力度。当前国内各高校还没有专门的知识产权保护部门，也没有设立专业的教学改革成果转化机构，这就造成高校教学改革成果管理的规范化和专业化水平不足。教育教学改革研究项目的内容有其特有的独创性、创新性、前瞻性，如果在过程化管理中能够进行有效筛选，去除重复性、陈旧性，就可以在一定程度上保证项目成果转化的质量。

三、高校教育教学改革项目监督管理检查体系需要进一步完善

由于政策的激励作用以及其他积极因素，各高校教师对教育教学改革研究项目的申报非常积极，一些教师在项目申报时间还未正式出台之前就多次询问相关申报事宜，还有的教师提前几个月抽出时间为项目立项做申报准备。大部分教师在拿到立项项目后都认真耕耘，争取按时结题；然而也有的教师拿到项目后将其束之高阁。

面对这种情况，高校需要从两方面来改进：一方面是提高教学管理队伍的整体水平。教学管理人员的水平对项目过程管理的质量和成效有直接影响，教学管理人员要主动更新专业技能，熟悉、学习新的上级政策文件，更新学校教学改革的管理规定，变被动管理为主动管理，为项目的立项和实施提供可供参考的最新思路和方向，为项目产出成果创造、提供更灵活的条件，也为后期教学改革项目成果的推广和实施提供广阔的空间，从而真正发挥教学管理部门的引领作用；另一方面管理部门可以不定期地举办教育教学改革项目的校外专家座谈会或者校内教师之间的交流会，促使教育教学改革项目需要申报的教师或者已经立项的教师一起探讨教育教学现在面临的问题以及亟待解决的问题都有哪些，立项项目取得了哪些新的阶段性成果。通过监督管理，吸收多位教师不同的创新理念和成果，促进学校教育教学改革项目质量的提高，管理部门也能更有效地进行监督与控制。

教学改革是高校教育教学工作的核心和重要环节，围绕教育教学质量开展教育教学改革项目管理过程优化，是将教育教学改革落在实处的重要举措之一，也是促进教学水平上台阶的重要内容和途径。高质量的教学改革研究管理过程对于全面提高人才培养质量，促进教学工作者的教育教学水平和效果有着积极、重要的意义。

第四章 高校教育教学管理模式探究

第一节 高校公共机房管理模式

在计算机应用技术水平提高后，高校开始广泛运用计算机，所以公共机房就成为高校教学重要的教学设施。公共机房的用途比较广泛，可以用来开展基础课、专业课、课程设计、毕业设计、考试等任务，因此，公共机房的管理是比较重要的。当前一些高校的公共机房管理存在的问题比较多，影响了公共机房的使用率，甚至影响了学生的正常学习和考试效果，只有解决了这些问题，才能更好地发挥公共机房在教学中的作用。由此可见，公共机房管理是高校的一项重要工作任务。

一、高校公共机房普遍存在的问题

高校公共机房存在的问题是比较多的，包括使用环境问题、电脑损坏问题、感染计算机病毒问题，这些问题严重影响了学生的正常使用，也影响了教学的顺利开展。如果公共机房存在的这些问题不能解决，将会造成严重的后果。

公共机房的使用环境问题。高校在对公共机房进行管理时经常忽略公共机房的使用环境。一些公共机房的使用环境比较潮湿、比较脏，这样的使用环境对计算机的运行、寿命、网络系统都会产生巨大的影响。如果公共机房的环境比较潮湿，很容易使计算机死机；如果公共机房使用环境的温度比较高，则会烧毁主板芯片，因此，高校在对公共机房进行管理时需要对其使用环境进行全方位管理，构建一个洁净的环境，这样才能保证计算机的正常运行，延长计算机的使用寿命。

电脑损坏的问题。公共机房在高校的用途是比较广的，所以其在工作中是满负荷运行的，机器发生故障是常有的事。通过研究发现，计算机在使用中经常出现插件接触不良、显示器亮度下降、鼠标和软驱等易耗品损坏等问题。当然，计算机出现故障还可能是学生故意损坏。很多学生在学习之余比较无聊，会擅自操作计算机，使计算机的一些零件被损坏。电脑损坏的问题是比较严重的，不仅影响了教学效率，也给高校造成了一些损失。

计算机感染病毒的问题。高校公共机房通过校园网链接到 Internet，因为网络的开放性，计算机很容易感染病毒。互联网中的计算机病毒、木马程序都是计算机网络存在的安全隐患。一旦计算机感染了病毒，一些重要的信息就会被窃取，重要的数据会被破坏，严重者计算机软件会出现故障，系统会瘫痪，硬件也会被损坏，导致无法开展正常的教学活动。

二、高校公共机房管理的重要性

高校做好公共机房的管理工作，无论对教学、计算机网络还是计算机使用寿命都是有益的。因此高校应该重视公共机房的管理工作，认真落实工作中的每一个环节，这样才能提高管理效率和质量。

高校公共机房管理可以提高教学效率。高校只有做好公共机房的管理工作，才能避免计算机感染病毒，为计算机网络构建一个安全、洁净的环境，教学活动才能顺利开展，提高教学效率。因为在公共机房进行教学时，计算机运行是比较快的，是可以辅助学生学习和教师教学的。例如，学生可以运用计算机进行实践操作，教师可以给学生进行高效的在线指导。当学生在操作中遇到一些难题时，既可以向教师请教问题，也可以利用互联网查询，这样的学习效率是比较高的。倘若公共机房的计算机经常被病毒感染，系统经常瘫痪，硬件也被损坏了，那么教学活动是无法顺利开展的。所以，高校对公共机房进行科学、合理的管理是比较重要的。

高校公共机房管理可以为计算机网络构建一个安全的环境。高校对公共机房进行全面管理后，可以使计算机网络避免被病毒侵入，计算机网络环境是比较安全的，这样，高校的一些重要信息和数据才是完整的。倘若高校没有对公共机房进行有效管理，那么计算机是很容易感染病毒的，计算机中的一些数据和信息会被破坏，给高校带来巨大的损失。例如，一些高校把学生的学籍信息录入电脑，如果公共机房的计算机感染了病毒，办公室的计算机也会被感染，学生的信息会丢失，甚至会落入犯罪分子手中，从而为学生的生命和财产带来巨大的威胁，这样的后果是比较严重的。

高校公共机房管理可以延长计算机的使用寿命。高校要想提高计算机的使用率，延长计算机的使用寿命，就需要做好公共机房的管理工作。因为高校在对公共机房进行管理时，会对计算机的零件进行全面检修，这样可以及时发现计算机零件存在的问题，进而及时解决问题。定期检修和保养计算机零件可以延长计算机使用寿命，这样高校就不用再采购计算机零件了，从而节省了一些资金。

三、高校公共机房管理模式分析

（一）高校建立健全公共机房管理制度

高校规范日常管理规章制度。高校应该结合公共机房使用情况和教学实际，建立一套完善的管理制度，包括《主任岗位负责制》《技术管理岗位职责》《安全防范制度》《学生上机守则》等。学生在使用计算机时应遵守这些规章制度，进行上机操作时应小心翼翼地使用计算机。这些规章制度是学生在使用计算机时的行为准则，可以约束学生的行为。

高校建立故障机学生报修制度。一些公共机房中有故障的计算机之所以不能被及时修理，是因为缺乏报修制度，导致计算机在出现故障后无人问津。高校为了及时解决故障机的问题，可以制定一个学生报修制度，每学期统计学生的上机座位。如果学生在进行实践操作时计算机出现了故障，学生要及时报修，这样教师就可以知道哪些计算机是有故障的，可以及时处理问题。

高校建立故障机维修登记制度。高校应该建立一个故障机维修登记制度，维修人员需要详细记录计算机的故障现象和处理故障的方法，这样可以积累大量的工作经验，维修人员在以后的维修中如果再遇到类似情况就有科学的参考，可以提高维修效率。

（二）高校综合应用各种技术管理公共机房

高校使用硬盘保护技术管理公共机房。高校可以使用硬盘保护技术使计算机运行处于良好状态。硬盘保护分为两种方式：一种是软保护；另一种是硬保护。高校可以对容量小的硬盘采用软保护的方式，这样可以节约资料。当硬盘中的数据出现问题后，可以采用硬保护方式，以此保证数据是完整的。这两种硬盘保护方式都是重要的硬盘保护技术，都可以有效地保护硬盘数据。

高校使用网络克隆技术管理公共机房。公共机房可以采用网络克隆技术提高软件安装效率。网络克隆技术的原理是在机房随意找一台微机做样机，在样机上安装所需要的软件，利用网络把样机的硬盘做成镜像文件，然后存放到 Ghost 服务器中，当需要文件时，再利用网络把镜像文件恢复到机房所有微机硬盘中去。使用网络克隆技术可以提高工作效率，减少工作负荷。

高校使用防病毒技术管理公共机房。公共机房使用防病毒技术可以避免计算机被病毒侵袭，保证教学活动顺利开展。高校可以使用诺顿企业版网络杀毒软件进行防毒和杀毒工作，为计算机网络构建安全的环境。

（三）学生参与机房维护

高校公共机房管理也需要学生的参与。因为高校公共机房的计算机数量比较多，仅仅依靠维护人员很难达到理想的效果，所以需要依赖学生的力量。教师应该鼓励学生在平时使用计算机时好好维护计算机，严格遵守公共机房的使用规定，定期打扫公共机房，给计算机创设一个洁净的环境。高校可以在班级中选拔出两名电脑基础好，而且对计算机感兴趣的学生，对这两名学生进行计算机软件和硬件的专业培训，以便学生对计算机进行定期维护。当计算机在使用中出现问题时，可以及时处理故障。这样，即使计算机维护人员不在场，学生也可以自己解决问题。

高校公共机房的管理工作对计算机基础教学和其他课程教学有着极大影响，因此应该受到高校的重视。高校公共机房的管理是一项复杂的工作，也是一项重要的工作。高校公共机房的管理工作需要高校不断探究科学的管理方法，因此，高校在进行公共机房管理时应该不断总结经验，提高公共机房的管理效率，为教学创建一个良好的环境，为教学提供高质量的设备，从而提高教学效率。

第二节　高校研究型教学模式

在复杂多变的社会环境下，人才是取得竞争优势的关键因素。在世界竞争格局下，国家对人才的培养越来越重视。然而，传统培养模式下诞生的人才难以满足现今产业发展的需要。因此高校应积极改革过时的培养方案，为国家培育高能力、高素质的创新型人才。研究型教学模式是适合我国当前教育背景的教学体系，积极推动传统教学模式向研究型教学模式过渡是当今高校的必然选择。为此，笔者提出了研究型教学模式的基本构建方式，旨在推动研究型教学模式改革。

随着知识经济时代的到来，人才的教育与培养必然成为国际竞争的新焦点。党的十九大报告提出了"聚天下英才而用之""青年兴则国家兴，青年强则国家强"等重要论述。面临国际竞争新格局，人才是振兴民族、取得竞争优势的战略资源，加快建设人才强国已然是我国当今的重要战略部署。在国家逐步发展成为人力资源强国的进程中，高校虽不断为国家各个领域输入高尖端人才，但仍存在教学模式过于老套的问题，在培养人才的过程中忽视了学生的主体地位，这种人才培养方式已不能满足我国当前对高素质人才的需求。国家教育事业要想取得长足发展，高校必须从教学理念、教学方法、教学策略等多方面进行改革创新。

国务院印发的《国家中长期教育改革和发展规划纲要（2010—2020年）》指出改革创新是教育发展的强大动力。2019年全国两会政府工作报告提出教育改革的目的在于提升教学质量，高校应完善教学模式的创新。目前研究型教学模式受到广大学者关注，它与国家近年提出的研究型大学高度契合，顺应了国家高等教育改革发展的要求。教育部在《关于进一步加强高等学校本科教学工作的若干意见》中也曾提出高校要积极推动研究型教学模式。从国内研究型教学模式的发展情况来看，少数高校已经进行了相关的实践，并取得了一定成果，如清华大学的寓学于研的研究型教学体系、东南大学的四位一体教学模式以及上海交通大学的本科生研究计划等。但从实践成果来看，有关于研究型教学模式的推进还不够深入，并未将研究型教学模式作为一个理论体系而进行系统、全面的研究。随着教改的不断深入，高校应加大对研究型教学的探究力度，推动我国成为教育强国，由此本节提出了高校研究型教学模式的基本构建方式，以加快研究型教学模式的建成。

一、中国情境下研究型教学模式的探索

研究型教学最早起源于19世纪，德国学者洪堡提出了高校的教学应与科学研究相结合的观念，这一观念的提出得到了高校的认可，自此国内外高校进行了研究型教学模式建设的实践探索。国外教育界对研究型教学模式的研究起步较早，在经历了大量的探索与改革后，国外高校研究型教学模式的建设已经成熟并颇有特色。相比之下，我国对研究型教学模式的探索尚处于起步阶段。在对西方成熟的研究型教学模式借鉴的基础上，我国学者结合我国教育现状对中国研究型教学模式进行了探索与实践，力图为高校构建健全的研究型教学模式做出指导。近年来，我国学者对研究型教学模式的探究取得了一定成果。从研究型教学模式本身的角度来看，赵韩强等认为研究型教学模式是高水平研究型大学必备的教学理念，它从知识、能力、素质等多方面对学生进行全面培养，通过与科研相结合的教学内容来开发学生的科研能力以及创新意识；黄勇樽认为研究型教学模式可以在课堂活动中通过创设一种类似科学研究的情境，让学生主动设问和研究，从而发现规律，获取知识并进行各种体验，学会如何去收集、分析和判断信息以及解决问题的方法，培养应对急剧变化的能力和创造力；张炜等认为研究型教学模式是以学生为主体、教师为主导，强调师生之间的互动，颠覆了传统教学模式下的师生关系；汪铭等认为研究型教学模式应在学术共同体理念下，不断推进"教"与"学"的关联性。从研究型教学模式必备条件的角度来看，袁方认为研究型教学模式的实施需要同时具备两个条件，一是教师课程内容更具引导性而非灌输性，二是学生具备一定的知识积累。此时

教师可以引导学生运用知识，提升自主发现、研究、解决问题的能力，从而在教学活动中不断地积累知识、培养能力和锻炼思维。窦志杰等认为研究型教学模式覆盖整个教学活动，其实施应具有科学性。由此，研究型教学模式的实施应具备相应的考核评价系统，通过设置多样的考核方式、考核内容来保证研究型教学的科学性。从构建研究型教学模式的角度来看，邓元媛认为研究型教学模式更适用于本科高年级阶段学生（该类学生具备扎实的基础知识），这时高校以小班规模、多学科平台、师生讨论互动等活动对学生进行培养，更容易提高学生的科研创新能力和科研实践能力；胡旭东等认为研究型教学模式的构建需要从教学理念、教学内容、教学方法三方面出发；王莉等在探讨本科专业研究型教学模式基本特征的基础上，提出建立包含执行机制与保障机制的，学校、教师、学生三位一体的研究型教学实施系统。

相较于传统教学模式，研究型教学模式进一步深化了教师的"教"与学生的"学"，教师以研究、启发、互动等教学方法为主，促进了学生的兴趣学习、自主学习以及合作学习等。研究型教学模式是在学生掌握本学科基础知识的基础上，教师通过科研导向性的教学内容引导学生的科研意识和知识运用，从而培养学生的自主科研能力，这一过程充分突出了教师的教学主导地位以及学生的学习主体地位。为保证研究型教学的科学性，研究型教学模式应具备相应的评价体系，由此笔者进一步认为研究型教学模式是集合了教学理念、教学方法、教学内容、教学评价的全面教学体系。

二、研究型教学模式的基本构建

21世纪以来，随着国家教学改革的不断深入，我国教育事业已得到长足发展。高校规模不断扩大、招生数量逐年增加，如何"增量保质"是我国教育发展不可忽视的一点。目前，我国高校研究型教学模式发展处于起步阶段，难免存在标准模糊、落实不彻底的现象，为保证研究型教学的有效推广，如何构建研究型教学模式就尤为重要。笔者从教学理念、教学内容、教学方法、教学评价四方面探究研究型教学模式的基本构建。

（一）教学理念重构

为加快建成创新型国家的进程，高校需要不断地为国家输送高质量人才。相较于过去，国家对战略、科技、创新型人才的需求不断提升。此时，传统"填鸭式"教学培养的人才与国家的需求不匹配，传统教学模式难以推动国家教育事业的发展。研究型教学模式以教学为根本、研究为形式，将研究与教学相结合，注重学生的综合全面发展，继而培养学生的创新意识。张华曾指出研究型教学不是简单的知识传递，其本质在于新观点的产生。相较于传统的教学模式，研究型教学模式注重知识积累与学生综合素质并行发展。

事实上，高校已经认识到研究型教学模式的重要性，但仍存在"一流理念、二流效果"现象，根本原因在于理念构建不清晰。其一，本科生研究型教学模式的根本在于教学，应区别于硕、博的研究模式。调查发现，部分高校将本科生参与教师的科研项目界定为研究型教学的实施，说明高校对研究型教学模式的认识存在"重研究轻教学"现象。其二，研究型教学模式的目的是提升知识传播效果，培养学生的综合能力。研究与研究型教学不能混为一谈，单就研究来看，它与教学并不相关，研究型教学的目的通过类似研究的过程提升学生的知识水平。

所以高校在实施研究型教学模式之前，首先要认清两点：研究型教学的本质是什么？研究与教学如何结合？也就是高校在明确研究型教学目标的基础上，采取何种方式将研究或类研究的过程融入学生的教学实践，进而培养学生的发散思维，增强学生的知识接受效果，在此过程中学生的创新能力、科研能力等均会得到提升。

（二）教学内容深化

布鲁贝克曾说学生不能享有充分的学术自由，他们的知识获取来自教师的教授。事实上，布鲁贝克的理论在一定程度上忽视了学生的自主权利，违背了新时代对教育的需求。当今时代教育的本质应是在不违背教育规律与科学逻辑的基础上，给予学生充分选择的权利，进而满足其需要，所以高校教学应以学生为主体，教学内容应全面面向学生，以满足学生知识获取的需求。研究型教学模式教学内容的设计应满足以下几点：第一，以核心理论为基础，贯彻研究型教学思维。"重知识轻能力"一直是传统教学模式的一大误区。事实上，知识教学与能力教学缺一不可，二者存在相互制约、相互促进的关系。然而，在传统教育模式中，高校过分看重知识教学，这就使"高分低能"的现象得以存在。卢俊曾说，教育的本质不是告诉学生什么是真理，而在于教会学生如何在学习过程中发现真理。过分强调知识教学而忽视学生能力发展的教学模式已然违背了教育发展的本质，面面俱到的教学内容在一定程度上也会约束学生思维能力的发展。研究型教学模式应兼顾知识教学与能力教学，保证学生具有一定的理论基础，继而培养学生解决问题的能力等。第二，构建多元知识体系，培养学生的创造力。随着人类社会的发展，全球化竞争越发严峻，国家对创新性人才的需求增加，旧知识结构体系难以满足学生的发展需要。在旧知识结构体系下，学生发展的困境在于单一知识难以解释复杂情境中的问题。这要求高校教学应从单一知识结构体系向多元知识结构体系发展，多元知识结构体系应包括学科内的知识的整合以及多学科间知识的融合。单一知识来源影响了学生的思维方式，多元知识是学生思维发散的重要前提。教师需通过构建多元知识体系，培养学生的多元思维能力，以及在多变的环境下具有应变能力，提高学生的创造力。

（三）教学方法选择

就我国当今教育事业发展状况来看，高等教育逐步由精英化向大众化转变，虽然教育规模的不断扩大推动了教育事业的长足发展，但高校学生数量激增也带来了诸多弊端，如大班制授课方式难以避免、课堂教学质量难以保证等。为保障课堂教学质量，培养学生的学习兴趣，在研究型教学模式中教师采用何种教学方法就显得尤为重要。近年来我国教育理念不断突破，推动了高校对现代教学方法的应用与改革。然而，课堂教学质量不高的现象并未得到明显改善，其主要原因在于：第一，研究型教学模式注重师生的共同参与，而大部分教师对教学方法的理解仍局限于注重教法而忽视学法，限制了学生学法的形成。事实上研究型教学模式教法与学法并重，在教学中教师应在充当知识传授者地同时，引导学生主动思考，使学生逐步摒弃被动接受知识的观念，转变成自主学习的个体，培养学生的学习兴趣及独立解决问题的能力。第二，教师虽采取现代化教学方法，但总的来看，课堂中教师采用的教学方法过于单一，学生容易疲劳且削弱了学习兴趣。为保障研究型教学模式的贯彻落实，以提升学生的学习兴趣，培养学生能力为宗旨，教师应融合问题发现式、启发式、研究式、案例式等多种教学方式，让学生融入学习情境，激发其学习积极性。同时，适当的小组讨论、合作学习、辩论式学习等，有利于调动课堂气氛并促使课堂活跃，让学生成为课堂参与者、互动者。第三，教学方法的有效性尤为重要。大部分高校基本完成了从传统教学方法到现代化教学方法的转变，但先进的教学方法并不意味着课堂效率的提高。现在仍存在这样的现象，即高校盲目地学习、引进先进的教学方法而忽视了该校学生的基本素质以及学科知识内容体系，其结果是课堂学习效率并未提高甚至有所降低。所以高校应将着眼点放到教学方法的适配性上，正如论语所讲"各因其材之高下与其所失而告之"，研究型教学模式要做到因材施教和对症下药两点，也就是说教师应因学生的基本素质与其他相关状况并根据不同学科的知识内容体系找到适当的教学方法，充分发挥教学方法在教与学方面的桥梁作用。

（四）教学评价

教学评价体系不仅是考核学生学习效果的重要标准，也是衡量研究型教学模式推行进度的关键措施。在研究型教学模式中，教学评价体系构建的关键在高校对研究型教学的认识，只有正确完整的评价体系才能保证研究型教学的实施具备实际效用而不流于表面。受中国传统文化的影响，国人对知识考核分数的过分看重导致了学生考试成绩一直在传统教学评价中占据主导地位，而研究型教学既保证学生的知识汲取又注重学生的能力培养，仅以考试成绩为主的评价方式显然违背了研究型教学的宗旨。研究型教学评价要兼顾过程考核与结果考核,二者缺一不可。结果考核能体现学生对知识的存储与利用程度,过程考核则更能展现学生的多方面能力的高低,只有结果与过程相结合的评价体系才能考查学生的综合素质。对学生的考核应涉及以下几个方面:其一,研究型教学是教与研的结合,注重知识的运用能力。在对知识的考核过程中,应减少单纯的概念定义性质的考题比重,适当地以案例情境式的考核方式考查学生对所学知识的运用程度。其二,过程评价难以量化是研究型教学评价的一大难点,多元化的考评方式是量化过程评价的有效手段。在过程考评中要保证考核方式和评价方式均具备多元性。多元的考核方式能考查学生的全方面能力,在过程考核中可以采取实验、论文撰写、小组合作等多种形式来考核学生的阶段性学习成果;同时基于个体的有限理性,多元的评价方式可以降低个体主观上的不理性行为,如论文撰写可以采用多位教授的共同评价结果;小组合作的评分标准不仅是教师对小组任务完成度和成员分工任务的评价,还应参考组内成员的互评(一般组内个体成员的评价结果符合正态分布)等。其三,过程可能大于结果,结果也可能大于过程。有关过程和结果哪个更重要的问题应辩证地来看待,基于不同情境,过程考核和结果考核的比重也太不相同,同时不同学科的特性也是这一问题的重要参考。另外,研究型教学模式注重教师的教学环节,合理有效的课堂教学有利于研究型教学模式的稳步发展。教师在对"学"考核的同时学生也应对"教"进行评价,有关于学生对教师的评价主要考查教师是否贯彻研究型教学的宗旨以及教学内容是否合理、教学方法是否有效。

在当今教育形势下,对本科生的培养不应局限于传统的书本教育,然而我国高校的本科生教育仍存在这一问题。一个合理的人才培养模式有助于高校在复杂的竞争环境下不断突破创新,研究型教学模式为我国教学改革发展道路提供了方向。研究型教学模式以教学为目的,赋予了类研究的过程。其一方面继承了传统教学中以知识教学为主的培养模式,另一方面侧重于学生思维、能力等多方面素质的综合培养。这种教学模式利用灵活的教学方法、多样的学习过程、合理的评价方式,培养学生的综合能力,有助于提高高校本科生课堂质量,进而提高教学效果。

第三节 高校实验室管理及教学模式

在高校教学体系中,高校实验室发挥着重要作用,是高校科学研究和实验教学的主要场所。实验教学是培养学生创新思维能力和提高动手能力的重要教学方式。不少高校把实验教学作为一种辅助性教学，但实验教学内容和计划的安排不够合理，流于形式；严重缺乏专业人员进行科学管理，导致实验教学资源浪费现象严重，不仅影响人才培养，还阻碍了高校发展。本节主要分析高校实验室管理的重要性以及目前高校实验室管理及教学存在的问题，针对性地提出具体措施。

一、高校实验室管理的重要性

在高校中，实验室是推动科技发展、开展科学研究和实验教学的重要场所，更是高校科学科研的重要内容，所以实验室管理水平将直接影响高校人员的培养质量，当下必须高度重视实验室管理工作。

高校的科研水平和教学水平将直接影响高校办学水平。从教学方面看，高校必须注重对学生实践能力的培养，因为学生在课堂上所获得的理论知识是书本上系统的知识结构，只有通过实践活动才能把这种知识转化为自身的素质结构和知识结构。从科研上看，虽然教师的科研成果决定了一个高校科研水平，但也离不开实验研究和实验设备。科学技术的不断进步在一定程度上推动了社会经济的发展，使得对技术人员的需求量不断增大，同时也对高校人才的实践能力提出了更高的要求，因此高校在实验管理和教学过程中必须对人才培养计划不断进行创新和完善，以满足社会需求。

二、高校实验室管理及教学中存在的问题

实验室管理人员整体素质偏低。在高校中，相对于其他教师职务来说，实验室管理人员的福利待遇整体性偏低。在这种情况下，高校实验室很难留住高素质人才，即使是毕业生也不愿意从事实验室工作。因而实验室专职教师就很难做到全身心投入，即使从事实验室工作，也希望在后期能够调到其他部门工作，从而实现提高福利待遇的目的，这样就很容易导致实验室管理水平偏低。另外，实验室管理人员不仅无法参加教学类工作和科学工作，且很少有机会与其他教师之间进行更好的沟通与交流，很少有机会来提升自己。如果实验室管理人员的素质得不到有效提高，实验室管理工作水平就很难提升，更不能为培养高素质人才提供支撑。

资金配置不合理，部分设备已经老化。随着科学技术的进步与发展，国家更加重视高校的科学研究，因此为高校实验室建设提供了一定的资金支持，但是资金配置不合理，且大部分已经老化的实验设备未能得到及时更新，尤其是专业的实验室。实验设备对于教学来说特别重要，部分重要实验设备缺失会导致专业性教学工作很难顺利进行。

随着教育改革的不断实施，国家对教育事业的资金投入也在不断增加，但是对于实

室建设与管理方面的资金却在不断减少,其主要原因就是资金配置不合理,被其他经费占用;另外,即使高校调整资金配置,并增加实验室设备购买资金,但是学生在不断增加,科研工作也在不断发展,实验室的设备数量和规模很难满足目前的需求。在这种情况下,只能依靠国家教育部的资金支持,但是毕竟资金有限,很难满足当下的需求。

教学方式比较传统。目前大多数高校实验室教学仍采用传统的教学模式,不仅教学思想比较陈旧,且教学形式比较单一。现代化实验教学更加注重学生学习能力的培养,通过实验教学把学生所学习的知识与实验相互结合起来,在实验中让学生学习思考,通过理论去探究实验真理。而传统教学模式只是为了实验教学而教学,实验是为了让学生把理论知识转换为实践,提高学生的动手能力和学习能力,所以,传统的实验教学模式很难满足当下的需求。

实验室管理制度不规范。高校实验室管理工作应该以制度作为基础,实施整齐划一的管理标准和规范条例,建立开放式现代化实验室管理工作规范的同时,还要以严谨的制度作为约束,实现开放性和约束性的统一,合理进行教学资源分配,为人才培养奠定基础。实验室资源需要进行统一的制度化管理,才能满足高校教育管理工作的需求,但是在现阶段的高校实验室管理工作中,实验室管理制度不完善,没有起到制约和规范管理的作用,实验课程之间缺乏专业划分,资源配置不够集中,不利于形成开放交流学习的格局,在很大程度上制约了实验室作用的发挥。在实验室仪器设备管理上也存在多方管理责任主体的现象,导致出现问题无法准确问责,现有的制度已经体现出滞后性,无法在高校实验室管理工作中发挥应有的作用。

三、加强高校实验室管理及教学模式的措施

提高实验室管理团队和教学的整体素质。实验室管理和建设的重要内容就是不断加强实验室团队建设,全面提高实验室教学人员的整体素质,这样才能有效保证实验室科学高效运转。我国大多数高校实验室管理人员并非专业科班出身,尤其是实验员,对实验技术和实验操作管理了解甚少,大部分工作都是为了应付而工作,不仅影响了实验教学工作的顺利进行,而且导致实验教学质量很难提升。所以需要从三个方面进行管理:首先,引进专业的高等学历专业人员,如能力较强的硕士和博士,从而实现全面提高实验室工作的整体水平;其次,对实验室管理人员不断进行培训和教育,通过激励制度的方式鼓励实验室管理人员主动学习,不断提高学历层次和知识结构,从而提高管理水平;最后,对实验室人员和教师定岗定编,并明确岗位职责和任务,防止出现工作脱节,此外还需要从待遇和制度方面来稳定实验室团队的发展。

加强对实验器材的管理。实验器材是实验工作的基础,所以必须加强管理,建立实验教学平台,并由专业人员对其进行有效的管理,特别是大型的精密仪器,这样才能逐步提升实验器材的利用率。实验室管理平台需要根据实验课程进行合理的安排,从而实现统一管理的目的。对于精密度高和先进的实验器材,必须由专业人员对其进行有效管理,并制订仪器设备保养和维护计划,确保仪器设备能够正常使用。

构建实验室优质网络服务平台。在实验室管理中,传统的管理模式已经不能满足专业化和精密化仪器设备的需求,需要打造高效的实验室软件管理模式,从而实现网络和精细化管理。根据实验仪器设备和物品建立网络化管理平台,能够实现信息网络化的动态管理;能够准确地掌握每个实验仪器设备的使用情况,以及实验仪器设备的使用范围,从而在网络平台上全面掌握仪器设备的所有信息,包括放置的具体时间和使用情况;能够实现预定实验工作需要的实验材料和仪器设备,等等;同时还能掌握整个学校的实验室运行情况。此外,还可以在网络服务平台上建立网络服务信息系统,实现网上答疑和在线沟通交流,有效提高实验器材的管理水平和实验教学质量。

创新实验教学模式。实验教学开展的目的就是有效地拓展和补充理论课教学,所以高校教师必须认识到实验教学的重要性。在传统实验教学过程中,教师占据主导地位,注重实验演示,忽视了学生的创新实验和操作实验,一般情况下都是学生根据教师的指导进行实验操作,这种教学模式不仅影响了学生实验能力的提升,还影响了学生创新性实验能力的提升。所以必须改变实验教学模式。高校的实验教学必须围绕学生的创新能力发展,适当对学生开展综合性实验模式和设计性实验模式。创新实验教学模式不仅是满足社会对人才的需求,更是提升学生创新能力的需求。在实验教学中,通过实验能够准确发现学生的不足和遇到的各种问题,然后对其进行全面的研究,并结合实验学科和实验教学方式,设计出一种全新的实验模式,引导学生进行设计实验和综合实验,从而不断提升学生的创新能力和实践能力。

实施双师制实验教学模式。一般情况下,在实验教学中,学生人数较多,所以会将其分为相应的实验小组,在实验过程中如果仅仅依靠实验教师一个人完成实验教学,那么实验教师就很难顾及全班学生,在这种情况下就可实施双师制实验教学模式。所谓双师制实验教学模式,就是由实验教师和理论教师共同开展实验教学的一种教学模式。在双师制实验教学模式下,通过两个教师对学生进行有效的指导,不仅可以准确及时地发现学生在实验操作过程中遇到的问题和不足之处,然后对其进行有效的更正和解答,还能对学生进行有效的监督,确保学生可以顺利完成实验,提高积极性,不断提高实验教学效率和质量。

开展科研对接工作。实验教学的目的就是让学生更好地理解理论并进行实践，实验教学不仅可以提高学生的专业实践能力，还能将枯燥乏味的理论知识变得生动有趣，从而提高学生的积极性和主动性。在高校实验教学中，学校一定要为学生营造更多的实践机会，通过与企业合作的方式，为学生提供更多的实习机会，并检验学生的学习状况。此外，高校应该积极与企业开展科研项目，这样高校不仅可以获取相应的实验基金，还能更好地发展实验室，既满足了提升学生实践能力的需求，又能促进实验室教学的发展。

随着社会的进步和发展，高校实验管理及教学模式必须不断进行改革创新，以提高实验教学的质量和学生的实践能力、创新能力。在高校实验教学中，高校领导必须认识到实验教学的重要性，以及目前实验室管理过程中存在的问题，采取有效的措施对实验室进行有效的管理，并建立实验室网络服务平台，创新实验教学模式，实施双师制实验教学模式，并与企业积极开展科研对接工作，帮助高校实验室发展获取更多的资金，有效提升学生的实践能力。

第四节　中国高校教育营销管理模式

随着现代高校教育事业的不断发展，其生存环境发生了翻天覆地的变化，在这样的变化中，当代高校教育管理者应该意识到优化高校营销管理工作的必要性。高等教育大众化和市场环境变化共同形成了当今高校毕业生的就业压力，传统的高校营销管理模式已经不再适用于当今的高校发展，并在一定程度上限制了高校的进一步发展。基于这种情况，高校教育只有积极进行创新，结合学校自身优势，探索新型营销管理模式，才能提高高校教育的综合竞争力，在愈发激烈的竞争中占据一定的优势，从而实现自身的进一步发展。

在市场经济背景下，提高自身市场竞争力成为各行业实现自身发展的重要课题。对于高校教育而言，市场竞争力的提升既是现代市场经济发展的客观要求，同时也是高校实现主观发展的必要条件。因此，高校教育必须优化自身的营销管理模式，摒弃传统管理观念，借鉴现代企业管理观念，建立以"市场导向"为主的新型管理观念，将发展的重点由内扩展至外，提高对外部市场需求的关注，从而实现高校教育的良性发展。

一、高校教育营销管理模式的基本概念及意义分析

（一）高校教育营销管理基本概念分析

高校教育营销指高校改生产导向为"顾客需求"导向，从人才培养的根本教育职能

出发，借助市场调研、市场定位、营销环境分析等营销方法，进行高校营销管理，促进高校良性发展，提高高校社会效益及经济效益的教育营销工作。高校教育营销管理模式，即高校针对自身各种教育营销工作进行管理的基本模式。

（二）构建高校教育营销管理模式的实际意义分析

强化高校教育营销管理整体水平。就现阶段高校教育所处的生存环境而言，在一定基础配置条件下，如何利用现代化的营销活动，促进高校教育营销资源发挥其全部效能，从而促进高校教育营销整体水平的提升，是现代高校教育营销领域共同关注的重要课题。其中更先进、科学、高校的教育营销理念、营销组织结构以及市场环境分析能力是决定高校营销水平的关键。只有高校教育明确并建立自身的营销管理模式，才能更好地满足"顾客"的实际需求，从而获得经济效益及社会效益的提升，实现自身发展。

优化高校教育资源配置情况。在市场经济背景下，高校教育相关的各个主体，具体包括政府、学校、学生以及用人单位等，均具有相对独立性，每个主体间由于多种因素的影响，所具备的信息并不对等。例如，学生从高中毕业之后，未接收到高校的有效信息，就不会对其教育管理模式、师资水平、课程安排等产生了解，这时进行的选择即盲目选择。这种盲目选择不仅存在于学生与学校之间，而且普遍存在于和高校教育相关的各个主体之间，其中高校作为各个主体沟通的纽带，强化高校营销管理水平，有助于提高各主体间的信息交流，从而提高选择的质量和效率。对于高校教育而言，信息对等有助于高校调整课程教育结构和重点，避免教育资源的浪费，从而达到优化教育资源分配的目的。

建立高校教育竞争优势。提高高校营销管理水平，可以帮助高校明确市场发展目标，进而对自身职能进行科学定位。高校完成自我定位后，即可依据定位整合学校资源，从而围绕定位职能，构建多样化的特色职能，以满足社会发展的实际需求。这种依据定位得来的特色职能，可有效提高高校的市场竞争力，帮助高校教育累积市场竞争优势，从而逐渐实现高校发展与社会发展的一致性，进而促进高校整体教育质量、水平的提升，最终实现高校教育的进一步发展。

提高高校教育人才培养质量。就高校教育的根本职能而言，为社会培养高素质、高知识技能水平，且符合社会主要发展精神要求的人才，是其最主要的职能，即教育职能。从社会需要的角度分析，高校教育的人才培养重点应与社会发展需求相一致。传统的高校教育营销管理习惯从高校的角度思考问题，人才培养缺乏市场导向依据，限制了高校人才培养的效率和质量。构建高校营销管理模式的基础就是加强对市场需求的关注，可有效提高高校人才培养的针对性和科学性，实现高校各环节资源的合理利用，进而提高人才培养工作的综合质量。

二、国内外高校教育营销模式发展现状分析

(一)国外高校教育营销模式发展现状分析

对于国外一些发达国家而言,高校教育营销模式的相关研究已经有几十年的历史,以美国、英国等国家为例,在 20 世纪 90 年代,针对高校教育营销管理的研究就已进入积极的发展阶段。

青少年人口下降是促使美国加强高校教育营销管理的最主要原因,另外还有经济因素的影响。美国教育营销相关理念经多年发展,已经形成了一套相对完整的营销体系,就目前发展状态而言,教育营销已经不再局限于美国本土学校发展的限制,而是走出国门,逐渐向世界展现美国高校的教育魅力,促使高等教育大众化发展,从而进入一个新的发展时期。由此可见,教育营销对解决教育发展困境问题具有一定的效用。

(二)国内高校教育营销发展现状分析

高校教育营销战略思想在国内高校仍处于起步发展阶段,虽然部分高校已经意识到教育营销的重要意义,但要全面实现高校教育营销管理,仍需经过一段时间的努力。目前国内高校教育营销涉及的层面相对较浅,具体包括以下几方面的研究。

高校实现市场营销的必要性及可行性研究。国内学者对高校实现市场营销的必要性和可行性普遍表示认同,认为高校教育应建立在市场导向的基础上,以提高高校教育的针对性、服务性以及功能多样性。

高校招生环节的市场营销分析。市场营销理论在国内高校教育中的讨论,应用于招生环节相对较多,具体包含目标市场策略以及促销策略两方面的内容。前者侧重于通过确定目标市场,提高招生的目标性,以打造高品质、具有学校特色的教育产品;后者侧重于挖掘对高校教育有实际需求的潜在市场客户,通过有针对性的宣传,吸引学生学习。

三、高校营销管理模式的构建价值分析

(一)非营利组织营销管理

构建高校营销管理模式的首要任务在于明确高校营销的本质。就社会整体而言,社会组织可以分为政府和非政府两类组织,如果将非政府组织进一步分类,则可分为营利和非营利两类组织,三者共同构成现代社会的"三元结构"。

高校教育,即学校属于非营利组织(Non-profit Organization),此类组织并不以营利为目的,但并不是完全不盈利。事实上,多数非营利组织的收入高于组织支出,但此类组织获取的经济利润,需服务于其最根本的组织使命,以提高该组织的服务质量和数量,

其中最重要的一点就是该组织的实际管理者和经营者不可从组织经济收益中获益。

（二）高校教育营销的价值分析

高校教育作为非营利组织，其营销管理的实际价值主要体现在以下几方面：（1）提高学生的满意度。高校实现教育营销的基础就是加强对市场需求的关注及结合市场营销理论，探究"顾客"的实际需求，明确各项活动的价值，为组织服务选择最优化目标市场，相应地改善自身项目或服务，从而尽量满足市场需求，在内部构建市场导向的营销决策氛围，以不断刺激高校教育营销发展。（2）扩展社会支持渠道。高校教育通过教育营销，可以进一步提高其服务宣传力度及针对性，从而刺激更多社会群体进行服务"消费"。在这一过程中，高校教育的服务宗旨被不断强调，有利于高校提高自身社会的认可度，扩展社会支持渠道。（3）吸引社会资金投入。高校教育的发展需要大量的资金支持，仅依靠政府部门拨款往往不足以满足高校教育的发展需求。高校通过教育营销，可以利用自身教育品牌效益吸引社会资金，实现自身发展，降低对政府财政的依赖。（4）提高高校管理效率。传统高校管理缺乏对市场需求的关注，管理目标不明确，管理效率低下。教育营销管理加强了高校教育与市场需求的联系，对提高高校管理效率具有明显的促进作用。

四、构建我国高校教育营销管理模式的基本措施分析

（一）创新教育营销管理理念

教育营销管理理念是高校进行各项基础教育营销活动的思想指导，同时也是确保高校各项教育营销管理措施得以有效落实的基础保障，高校管理者只有从根本上完成管理理念的改变，充分认识到教育营销对高校教育发展的重要作用，才能实现高校教育营销的进一步发展。现阶段高校教育管理者普遍仍习惯于使用传统管理思想解决高校发展问题，缺乏市场竞争意识和市场危机感，限制了教育营销的实践发展。针对这一问题，相关部门应加强对教育营销的宣传，促使高校管理者学习先进教育营销理论，组织高校间的教育创新交流，从而提高国内高校整体的教育营销意识，并将其应用于实践，解决目前高校发展面临的实际问题。

（二）打造高校营销队伍

高校教育营销管理工作需要相应素质的营销管理队伍参与工作，以确保高校教育营销管理工作的顺利进行。高校在打造校内营销队伍时，首先应明确学校发展的根本目标和学校的自身定位，在此基础上开展相应的营销活动。在实际的营销活动中，高校除了

强调突出学校资源优势外,不应规避学校的薄弱环节,只有真诚对待学生群体,与学生进行友好、真诚的交流,才能使学生感受到学校的诚意,进而实现学校营销的种种目的。学校营销队伍应认识到高校营销活动与高校文化的关联性,事实上高校营销活动在交流过程中表现出来的高校诚意,也是高校文化的组成部分,因此,高校营销队伍应重点关注自身行为,以构建高校教育良好的营销形象。高校在进行教育营销活动时,还应注意控制营销活动的宣传力度,不应仅局限于固定适用范围内的学生群体,还应参考国外的先进营销经验,扩大对高校教育潜在"顾客"的营销宣传力度,从而扩大学校的社会影响力,使其成为更多学生的奋斗目标。

学生与高校教育的关系十分密切。从教育的角度分析,高校教育教授学生知识技能,为学生提供各种学习资源,成就学生的现在;从学生反馈学校的角度分析,学生的整体质量、就业情况,甚至毕业学生的未来成就,均是对学校发展的肯定,同时也是促进学校发展的一种无形财富,即学校的价值由学生体现。因此,高校教育营销应该是"说"与"做"的结合,学校营销队伍在积极营销的同时,高校本身也应积极调整自身的资源配置,逐一实现营销承诺,学校只有对学生负责,才是对自身负责。此外,高校教育营销应实现校园内外的共同营销,重视学生资源的营销作用,扩展每一位毕业学生成为高校的营销人员。想做到这一点,就需要学校给予学生更多的关注,使学生感受到学校的关怀,从而提高学生对学校的认同和依赖。

(三)构建柔性管理制度

制度是各项活动有效实施的基础保障。传统的高校管理习惯制定标准化的制度进行管理,即刚性的"按章管理"。这种传统管理模式侧重于制定标准,相对忽视了对执行制度的不同群体的需求关注,在现代高校教育发展中具有较大的局限性。因此,现代高校教育应结合时代发展需求,制定"以人为本"的柔性管理制度,从人的实际需求出发,体现制度对人和公平的关注。在这样的制度管理下,优秀的人才更容易被发现,进步的人更容易找到发展的方向和目标,从而在高校内部形成良好的人才培养机制,帮助高校留住人才、创造人才。

高校教育还应针对自身的人才管理模式做出相应的调整,优化教师考核机制,强化能力在考核中占据的比重,弱化资历占有的比重,给予年轻教师更多的发展机会,以体现高校教师考核的公平性。

(四)加强学校文化建设

校园文化是学校发展的沉淀,学校的每一个成员都是学校文化的建设者,同时也是享受者。校园文化是高校教育营销的重要组成部分，其集中体现了高校的办学宗旨和学习氛围，同时也是学校形象的具体表现，因此，高校应在保留校园文化传统精髓的基础上，不断赋予其新的内涵。

综上所述，构建高校教育营销管理模式对提高高校市场竞争力、促进高校进一步发展，具有重要的现实意义。高校教育应充分重视教育营销管理工作，积极调整自身管理理念，利用教育营销优化自身资源配置，提高人才教育质量，扩展学校发展空间，促进高校教育进一步发展。

第五节 高校开放教育教学管理模式

随着高职院校实践教学体系的逐渐完善及开放式教育教学的蓬勃发展，高校教育教学管理模式也应进行相应的探索与改革，以适应当今高校实践教育形势下的教学理念，使教师教学质量与教学实施效果的学习者及学习环境、教学形式、具体实现教学条件等得到充分的构建和完善。本节笔者将从多个角度对高校开放教育教学管理模式的创新探索进行浅析，总结经验与成果。

一、课堂教学教程中的探索与创新

虽然近年来高校教学体系和教学管理模式越来越开放化与多样化，但其本质都是为课堂课程教学服务的，都是以传统意义上的课堂教学理念为基础实施的改革与创新。因此，作为教育教学管理模式改革的依托，课堂教学教程是高校在教育教学管理改革中的第一个环节，也是最为重要的环节。

二、教学师资与教学计划的探索与创新

师资力量。高校在教学管理改革过程中，对教师队伍的整体素质进行管理与改革，不再局限于"高学历""高资历"的教师团队，抛弃了传统固定的教师师资理念，将教师资源合理分配，进一步创新教师资源配置模式。高校应将资历老、学识广的返聘教师与观念新、视角独特的年轻教师结合在一起，恰当地分配给每个年级每个专业，最大化地凸显不同教师的不同授课特点，将多样化与灵活化相结合，不失专业课程教学水准的同时实现教育教学的目标；同时，高校应定期对教师职业素质进行培训，形成严谨认真的教师教风，使师资队伍的整体水平不断提升，确保高质量教学。

考试评定改革。考试评定改革是教学计划中教学管理模式最为明显的创新表现。近些年越来越多的高校抛弃了传统的"一试卷定优劣"的评定方式，将受教者的综合素质、日常评定与专业笔试测验相结合进行综合评定，这样的创新，可以说是以人为本、与时俱进，也可以说是遵循了教育教学开放化模式的发展规律，对受教者整体素质的全面发展有着良好的促进作用，受教者不用被简单化机械化的笔试考试定优劣，而是将课业知识与综合素质修养渗透在日常学习生活的每一个方面，获得综合的评定。

三、日常校园管理中的创新与探索

笔者认为日常校园管理分为两大部分：一部分是校园日常活动管理，另一部分是校园日常学风管理。高校对学生的教育教学较为集中，受教者吃、住、学均在学校完成，这就要求高校必须对学生的日常学习生活实行系统管理。因此，日常校园管理成为高校在教育教学管理模式中的重要分支，不可忽略。高校在校园日常活动管理中不断地求创新求探索，逐渐形成了"一切为了学生、一切服务学生"的"以人为本"的基本理念，将受教者的地位摆在了至高处，针对学习积极性不高的学生不再是苛刻严厉的惩罚式管理，而是耐心教导、严而不厉，用认真细心的引导管理学生的日常学习活动。另外，充分利用由学生自己组建成立的团队组织进行辅助教学活动管理，也是各高校近年来采用较多的管理方法之一。

四、思想教育在教学管理模式中的创新探索

育人先育德。随着德育教育在高校教育教学中的应用越来越广泛，思想教育作为教学管理的一部分也被高校充分利用起来，进行创新与改革，以更好地辅助教学活动的顺利进行。高校对学生的思想引导不再是以往概念化、课堂化的机械思想政治教育和品德教育，而是通过宣传与开展各种各样的思想教育活动，对受教者的思想品德及个人素质进行引导。例如，高校结合当前实际情况组织学生观看著名或实时主流爱国电影，使学生对剧中人物所展现出来的爱国主义情怀与无私奉献精神给予崇高的赞赏，在观赏交流中，学生无不被主人公的民族精神和理想信念所感动，对民族精神、道德品质和理想信念等德育教育有了更为深刻的理解和认知，从而加强自身道德情操修养。

五、网络、多媒体在教学管理模式中的创新探索

随着网络在当今社会的普遍应用，高校对互联网的利用也不再局限于授课教学，随着论坛、BBS、贴吧等网络交流媒介的兴起，高校也将目光投注在它们身上。一些高校的宣传管理者进驻这些论坛，直接与学院学生进行交流，将传统与学生面对面进行的意见

建议听取报告会变为校园网络征集，范围广、覆盖面大、可信度高、直观明了、隐私性好这五大特点使学生能够畅所欲言，以参与者的身份对校园管理及建设等各方面提出宝贵的意见，对校园教育教学管理有着重要的作用。

另外，将职业道德情操渗透进受教者所学专业课当中也是近年来高校在教学管理模式中思想道德建设方面的又一进步。例如，高职院校为了使学院学生能够在毕业后尽快地适应社会复杂多变的工作环境，适时地开设职业道德素质教育，并将其作为必修学科纳入考试范畴，学生或主动或被动地接受职业道德教育，多数学生课下表示对此门学科很感兴趣，既增加了对与专业相关的一部分职业的了解，又增强了个人信心；同时不仅保证了高校教育教学的基本政治方向和体系建设，更是推动了教学管理模式的发展与进步，从而达到为社会培养全方位人才的目的。

近年来我国高职院校在开放教育教学管理模式上的创新与探索越来越多样化、全面化，并取得了良好的成果，既提高了高校培养复合型、全面型、技术型、综合型人才的效率，也促使我国高校教育教学体系不断进步。但是，社会是不断变化的，随着经济的发展与社会的进步，所需求的人才也在不断随着时代的进步而变化着，这就要求高校教育管理不能懈怠，应时刻遵循与时俱进、"以人为本"的教育理念，将学生与社会更好地联结起来，为中国社会主义建设培养更多的栋梁支柱。

第六节　高校教学档案管理的创新模式

21世纪，随着电子信息技术的飞速发展，高校的教学档案管理工作也开始由传统的纸质档案管理模式向信息化、电子化的管理模式转变。由于高校教学档案关系高校的教学管理工作，是高校教学活动过程的客观反映，也是高校教学水平和教学质量的客观标准，因此探索新形势下高校教学档案管理模式的创新，提高高校教学档案管理水平具有较为重要的意义。

一、高校教学档案的特点

高校教学档案包括高校教学工作文件、教学大纲、教学日志、教学计划、教学改革、教学试卷、听课记录、教研活动等高校教学工作方方面面的内容，种类繁多、内容丰富、材料丰富、专业性强，归档时间各不相同。

（一）高校教学档案内容繁多

来源于高校教学活动的各个环节的教学档案数量庞大，是高校档案中数量最多、种类最为复杂的一部分。其中既包括专业培养方案、教学课程设置、教学改革文件等有重大保留价值的教学文件，也包括各式各样的教学规定、教学条例、教学部门制定的规则制度办法等文件，还包括各二级学院的教学记录材料，如教学工作细则、教师教研活动记录、教师听课记录、教师备课情况、教师课件检查情况等；另外，还有数量众多的学生档案，如学生每门课程的成绩表、平时成绩单、期末考试试卷、学生毕业论文，等等。数量庞大、种类繁杂是高校教学档案的一大特色，这方方面面的教学材料忠实地记录和反映了高校的教学过程，是高校教学质量的集中体现。

（二）教学档案形式多样，归档方式各不相同

高校的教学档案形式多样，归档方式、归档时间各不相同也是其一大特色。由于高校教育分为研究生教育、本科教育、专科教育、继续教育等多个办学层次，不同的办学层次有着各自不同的办学定位、教学要求、课程设置及课程目标，由此带来了各具特色的管理方式。不同的课堂教学方式、不同的学生入学情况以及学生学习特点产生了各不相同的教学档案。同时，记录课堂教学的原始资料也各不相同，从传统的纸质听课记录到现在的电子图形记录，由传统的备课本到现在的多媒体课件，由传统的纸质考试试卷到现在的光盘拷贝，这些形式多样的教学档案的归档方式各不相同，有按教学年归档的学籍表、毕业材料等，也有按自然年归档的教学行政文件、学籍处理规定等。这样种类繁多、归档方式各异的高校教学档案亟待引入信息化的管理方式。

二、高校教育档案管理模式创新的必要性与目的

（一）教学档案是高校教学的重要环节

高校的教学档案是高校教学活动的重要表现形式，做好高校教学档案管理工作对展现高校的教学发展过程具有较为重要的作用。高校教学档案包括教学工作日志、教学课程设置、教学大纲、教学日历、教学进度、教研室活动等多项内容，通过教学秘书的详细记录，能客观有效地反映高校历年的教学活动，对展现高校教学历史与高校教学改革历程具有重要的参考价值。高校的进步和发展离不开档案管理工作，同时随着高校教学质量评估、专业建设评估等活动的开展，高校领导也逐渐认识到教学档案管理工作的重要性，这些在日常教学活动中逐渐形成、累积的教学档案为高校的健康发展和教学科研革新、领导决策等工作提供了重要的参考数据，是高校教学工作中非常重要的一环。

（二）高校教学档案创新的必要性

进入21世纪，电子信息技术的飞速发展将人类社会带入了"互联网+"的时代，计算机、校园网等网络信息技术在高校的普及对高校教学档案管理工作提出了新的要求，运用数字化手段创新高校教学档案管理工作势在必行。高校本身作为走在时代创新前沿的、知识更新较快、技术优势领先的科研教学场所，若教学档案的管理方式还在沿用传统古老的方式，是不能跟上高校前进步伐的。因此高校教学档案管理工作必须进行数字化创新，通过建立数字档案信息系统，满足高校教学改革发展的需求。

（三）高校教学档案管理创新的目的

创新高校教学档案管理工作，是为了更好地为学校的教学与科研服务。高校利用现代化信息技术拓宽教学档案的编研内容，建立教学档案信息化管理系统，方便高校各职能部门、高校师生通过高校教学档案管理平台查询相关信息，做到高校教学和管理资源的共享工作；通过创新高校教学档案管理工作，提高高校教学档案规范化、现代化和标准化的管理水平，转变传统以纸张为主的档案管理、整理、收集形式，采用光盘、U盘、移动硬盘等形式处理高校教学档案中的内容；通过扫描上传，将高校教学档案以数字的形式进行储存，极大地节约了高校教学档案管理所需的物理空间，也节省了纸张；同时，数字形式的高校教学档案更容易归档管理，使高校教学档案管理更加规范化和标准化。

三、当前高校教学档案管理工作存在的问题

作为现代高校教学管理工作的重要信息资源，教学档案在高校教学活动中的地位举足轻重。然而，当前高校的教学档案管理工作无论是在制度上还是在部门之间的协调、部门管理水平等方面都存在着不少问题。

（一）高校教学档案管理制度不健全

当前，不少高校的教学档案管理工作基本上是教学秘书在日常工作中顺手完成的，没有建立专门的教学档案管理制度，没有专门的人员从事教学档案管理工作，没有关于教学档案的相关文件规定，领导重视程度也不高，致使部分高校的教学档案内容不全。在教学评估、专业评估检查时甚至有部分高校采用临时补齐教学档案的方式来应付检查，这充分地说明当前不少高校亟待建立系统完善的教学档案管理机制，规范高校教学档案管理工作。

（二）教学档案管理部门工作职责不清

由于高校的教学档案内容繁多，涉及高校教学方方面面的内容，因此档案较为分散，

高校各个教学职能部门均直接或间接承担着教学档案管理工作。这样的多头管理模式极易导致教学档案管理工作职责范围不清,一旦教学档案工作出现纰漏,各个部门推诿扯皮现象就会较为突出。各二级院系并没有将教学档案管理工作当作一项专门的工作,其教学档案的归档只是教学管理过程中的一种自发行为,一旦涉及档案管理工作中较为专业的方面,则有可能存在档案遗失现象。

(三)专业档案管理人员较少

虽然部分高校成立了专门的档案管理部门,但受高校年年扩展的影响,档案管理人员疲于应付学生档案相关工作,无暇顾及高校教学档案的管理。另外,专门的档案管理部门也只是在整体上统筹安排高校的教学档案管理工作,各二级院系具体的教学档案收集、整理、管理工作并没有专业的人员管理,大多交给了教学秘书兼任。一旦教学秘书面临开学、补考、期末等繁重的教学管理工作,极容易出现忽视教学档案的整理和归档,进而影响高校教学档案的完整性。

(四)高校教学档案应用价值没有得到充分体现

作为高校教学评估工作中重要的评估材料,高校教学档案展现了高校的教学水平、教学日常管理工作,是衡量高校教学质量的重要指标。同时,在高校日常教学管理工作中,可以通过教学管理档案查询高校历年来的教学工作进展,利用教学档案深化高校教学内容改革,因此,高校的教学档案具有十分重要的应用价值。然而,当前部分高校的教学档案管理方式落后,教学档案管理依然以纸质的传统管理方式进行,部分教学档案收集不完整、整理不规范,教学档案基本上没有实现数字化管理,难以充分体现高校教学档案的应用价值。

四、创新高校教学管理模式的具体措施

(一)树立高校教学档案管理创新意识

面对信息时代电子计算机的飞速发展,高校应当及时树立高校教学档案管理的创新意识,从培养教学档案管理人员专业的档案管理知识能力入手,帮助其转变传统的认为档案就是整理历史的观念,树立面向未来的教学档案管理意识,让传统的着重于历史考察和历史凭证工作的档案工作转变为高校教学改革决策提供信息、提供研究高校未来教学改革方向的凭证。此外,高校应培养教学档案的开发与利用意识,树立高校教学档案管理的创新意识,不断提高高校教学档案管理工作人员的业务素质,实现高校教学档案管理工作的跨越式发展,促进高校教学管理工作走向新的台阶。

（二）建立高校教学档案管理标准与管理制度

高校教学档案信息资源建设是高校教学档案管理工作的重点，在其建设、开发运用的过程中，实现信息化需要各项管理规定的保障，当前在高校教学档案信息资源管理中存在着管理方法、管理手段落后等一些问题，影响了高校教学档案的建设。为了提升高校教学档案的建设质量，需要制定相关学校和二级学院的管理标准或规范，为高校教学档案信息资源的质量管理提供参考依据。只有这样才能不断满足高校教学档案信息资源信息化建设的需要。

根据高校档案管理的规范化要求，结合高校自身实际，建立一套规范的高校教学档案管理工作规章制度，要求高校各教学单位按照这一标准统一执行，让教学档案的收集、整理、分类、保管等环节都按照统一的档案管理规章制度严格执行。

（三）规范高校教学档案内容及分类

由于高校教学档案的种类繁杂，档案收集工作从开学到期末一直不间断地进行，档案收集具有广泛性、复杂性、分散性和周期性的特点，因此一定要规范高校教学档案的内容及分类标准，才能顺利做好高校教学档案工作。总地来说，高校的教学档案内容一般包括以下几个方面：（1）教学管理类文件，包括教学计划、教学大纲、教师课程讲义、课件、教学执行计划、教学日志等；（2）教学过程管理档案，包括新课申请审批表、教师听课记录表、学生作业评估情况、课程考试试题、课程评分标准、试卷分析报告、课程成绩表、学生实践教学论文等；（3）学籍档案管理，包括学生学籍异动、学生奖惩情况、学生成绩汇总等；（4）教研成果，包括院系的科研材料、教学改革材料、教改论文等。高校要按照档案分类的标准，以教学档案的层次结构，根据教学活动的先后顺序进行分类整理。具体做好以下几个方面的工作：首先，要求教学秘书按照高校教学档案管理制度严格执行档案的收集工作，对学校下发的各类教学相关文件，严格执行文件档案的收发登记工作；其次，做好零星材料、文件的收集工作，同时改变以往教学档案只依靠教学秘书收集的情况，建立专兼职人员结合的档案管理队伍，做好高校的教学档案转折工作。

（四）加快教学档案管理工作的现代化建设

高校教学档案种类繁多，需要加强高校教学档案的系统化管理，建立现代化的电子信息建设。首先，院系应当重视教学成果材料的收集工作，确定院系教学中产生的各种教学档案均一一收录，没有遗漏；其次，要做好档案的整理工作，对收集上来的教学档案进行科学的分类，特别重视有价值的学术材料、教学材料的归档工作，加快建立二级学院的档案类目，便于随时调查使用档案；再次，要加快档案管理的现代化步伐，运用扫描仪、计算机、照相机、U盘、移动硬盘等设施做好高校教学档案的数字化工作；最后，加快高校教学档案的数据库建设工作，积极引进国外先进标准建立教学档案电子信息库，同时要及时更新数据库，确保档案数据库的实施有效性。

（五）建立高校教学档案管理体系

对当前教学档案管理部门工作职责不清的现状，高校应建立由学校领导、二级学院负责人、专职档案管理员组成的教学档案管理体系，具体每个岗位的工作职责，避免出现问题后的推诿扯皮现象；制定详细的教学档案管理评价体系，在二级院系内进行教学档案工作检查评比工作，同时将评比的结果作为衡量二级学院教学管理水平的重要依据；要确保二级院校的教学档案工作不落后于教学工作，确保各项教学档案材料的累积程度与高校教学材料的产生情况一致，同时做好二级院系的教学档案整理工作，强化教学档案的监督职能，切实提高高校教学档案的管理水平。

（六）加强高校教学档案管理队伍建设

高校应做好教学档案管理队伍建设，提高教学档案管理人员的素质。通过加强在职人员培训和引进高素质人才，切实增强高校教学档案管理队伍的能力；通过加强思想政治教育，提高高校教学档案管理工作人员的政治觉悟，帮助其认识到做好高校教学档案管理工作的重要性，培养一批忠于职守、踏实肯干、作风正派、爱岗敬业的高校教学档案管理工作者，切实做好高校的教学档案管理工作；通过加强在职人员的职业培训工作，提高其业务水平及数字化操作水平，使其能熟练操作扫描仪、照相机、计算机、U盘等电子设备，做好高校教学档案的数字化工作，同时使其具有专业的信息素养，能够胜任现代化的教学档案处理工作。

（七）做好教学档案信息平台建设工作

逐步推行高校教学档案信息平台建设工作，做好高校教学档案信息化、系统化、网络化工作，改变传统纸质档案的现状，充分利用数字档案信息库，节省档案存放空间，方便高校职能部门、高校教师查阅教学档案，通过网络化的教学档案服务，实现高校教学资源的共享，提高高校教学档案的利用率。

第七节　高校导师制与学长制教育管理模式

导师制和学长制已经在国内很多高校实施，看似不相干的两种教育模式实际上有着密切的联系。导师在学长的确立过程中起到了决定性作用；导师制为学长制的实施提供了智力支持，学长制是导师制的延续，导师制和学长制在高校教学管理和思想政治教育工作中相辅相成。

一、学长制管理模式的实施办法

制定完善的学长制管理条例。学长制作为探索性与辅助性的学生管理机制，制度的约束与保障是工作有效推行的前提和保证。高校应根据学生工作体系的特点，从学长的选拔、管理、考核、评定、推广等各个方面制定严格的管理制度，确保学长的质量和数量，并从学长制工作的职责、任务、选拔聘任办法、培训机制、监督和管理机制、考核和奖惩机制等各方面做出严格的规定，在实践中严格执行并不断完善。

完善学长的选拔与聘任机制。学长实行院系内的聘任制，任聘期为两个学期，聘任对象为政治觉悟高、专业基础扎实、有一定工作经验和口头表达能力的高年级学生。具体程序可进行如下操作：每学年结束的前一个月，全院（系）根据专业情况公开招聘学长；高年级学生提交申请表并附班级意见；院系学生工作领导小组对申报的学生进行公开答辩；以宿舍为单位，每间宿舍选聘学长 1～2 人；确定候选人并张榜公布以征求意见；给确定的学长颁发聘书，以示荣誉和责任。

建立健全学长的培训机制。由于学长制工作涉及生活、学习、心理等方面的内容，被选上的学长必须参加相应的培训，以端正观念、树立信心、明确自身的任务和职责，积极地去承担和完成这一任务。学长培训应采用全方位、分层次的方法，在学校层面上，学生工作处（部）、教务处、团委、心理健康中心等职能部门应共同举办学长培训班，对学长进行相关培训；在学院（系）层面上，学院（系）应结合自身的特点，根据本学院（系）的工作具体安排和要求，对学长辅导员做进一步的培训，让其充分了解学校、学院的各项制度，以及工作中涉及的内容、方法、态度等，以确保每位学长都能为新生提供正面、科学的引导和帮助。

学长工作的考核与奖惩。学长作为学生自我教育、自我管理、自我服务的重要载体，不仅有相应的职责和任务，同时也必须有相应的待遇和奖惩，这就需要定期考核。考核工作应由学院完成，每月召开学长例会，了解学长工作情况，每学期对学长的工作进行考核，可由个人申报，学院推荐，学生工作处（部）考核。考核包括自我评价、学生投票、辅导员班主任评议、学院意见等指标，考核等级可分为优秀、良好、合格、不合格等。可根据学长的工作业绩评选出"十佳学长"给予嘉奖，并根据学长考核等级评定参与相关的评优评奖、推优入党等工作。对责任心差、不能完成工作或违反学长管理条例的学长，由院（系）学生工作领导小组讨论并提出批评教育；对定期不整改的学长，予以解聘。

二、导师制为学长制的实施提供了智力支持

学长是指从高年级学生中选拔出来的优秀学生，其任务是对低年级学生在学习、生活和思想等方面进行指导。要想让学长制最大限度地发挥作用，必备的前提是学长在校园生活的各个方面都有丰富的经验和积极向上的态度。而学长的这种经验积累和自我素质提高有赖于导师的悉心指导，因此，导师制为学长制的实施提供了智力支持。

三、学长制是导师制的延续

因为导师制是个双向选择的过程，所以导师和学生都需要经过一段时间对彼此进行必要的了解，然后进行选择，因此可以这样理解，导师指导的学生通常都是相对较高年级的学生，而非刚刚入学的新生。学长制中的学长也是从高年级的优秀学生中筛选出来的，他们一边接受导师对自己在生活和学习方面的指导，一边以"小导师"的身份帮助低年级学生。如果导师制和学长制在同一所高校实施，就可以理解为导师间接指导了低年级学生，从这个角度来说，学长制是导师制的延续。

在关注大学生学习和心理健康这两方面，导师主要是沟通和教育两方面的作用，这种引导性的作用往往是间接的；而学长在这两方面起到的作用则是直接的，他们可以用自身的经验和体会更好地对学弟学妹进行体验式的教育，因此，在高校教学管理和思想政治教育工作中，导师制和学长制是双管齐下、相辅相成的，共同承担着这份重任。

第五章　高校教学管理创新研究

第一节　高校教学管理创新存在的问题

教学管理的创新已经成为各高校的共识，大家对创新的必要性进行了大量论述，并就如何创新提出了一些建设性意见。在实际执行过程中，有许多问题阻碍着创新的进一步深入，使教学创新流于形式。解决问题的关键在于提出切实可行的对策，并一以贯之。

近年来，随着扩招和教育改革的不断深入，我国高等教育已经由精英教育转向大众教育，教学管理的内容和对象也日益复杂。为适应这一形势，广大教学管理人员要主动适应现代社会的发展需要，尤其是高等教育发展需要，与时俱进，对管理理念、管理资源、管理手段等主动调整、更新。高校在开展创新活动的过程中，暴露出许多设计和执行中的问题，如何解决并进一步推动创新已成为当务之急。

一、当前高校教学管理创新存在的问题

对教学管理创新的支持力度不足。教学管理的重要性和必要性已经得到许多校长的认可。随着人才培养水平评估工作的深入开展，教学管理的规范性逐步得到重视和提高，各类规章制度日趋完善，必要的管理岗位和管理人员也得以设立与充实。但许多学校把工作的重点放在了教学创新和专业建设方面，对教学管理的创新缺乏理念的支持和引导，缺乏必要的要求和足够的重视，对教学管理创新的探索零星而散乱，难以对教学工作起到系统的支撑作用。实际上，各高校对教师教学创新和改革的支持力度要远远大于教学管理人员，这在客观上造成了教学管理创新的滞后。

现实情况是，认识到教学管理中以人为本重要性的教师和管理者不少，确立理念、上下贯彻的学校却很少。首先，要由校长牵头，在领导层统一思想，再进行自上而下的人本理念的推广和渗透，在日常言行和工作过程中，领导层尤其要注意以身作则。其次，在实际工作中进行工作模式上的理念固化，使人本理念深入人心。例如，与奖励教学效

果的奖教金一样，设立管理创新奖，重点奖励管理人员在工作中的创新之举，由教师和管理人员共同评选，对获奖人的做法进行全校宣传和经验介绍。同时，应加大对教学管理的关注力度，从科研要求、管理效果等方面加强考核，尽量接近对教师的考核力度，并从经费支持、政策倾向等方面向普通教师靠拢。最后，在教学服务、检查和监督过程中注重民主化，尊重学术的权威，尊重教师和学生的意见，实行民主决策，提高决策的科学性和管理效能。同时，充分发挥学校学术委员会、教学督导部门、教学指导委员会专家的作用，依靠专家、学者使行政管理职能和学术管理职能有机融合。

高校教学管理本身日益复杂。其主要表现在：一是学生数、教师数急剧增加，管理宽度扩大；二是专业设置快速多变，传统管理方式逐步向跨学科管理转变；三是很多高校在合并过程中出现跨校区管理，导致教学管理难度和复杂程度增加、教学资源分散、校园文化建设难以统一等诸多新的问题；四是不少高校，尤其是高职院校的办学形式日益多样，学历教育层次较多，一套人马管理多类学生，面临的管理难度不小。以上种种因素表明高校的教学管理创新已成必然。

二、对高校教学管理创新的几点思考

确立并落实"以人为本"的现代管理理念。现代管理理论认为，在管理的诸多因素中，人是最活跃、最能动的决定因素。"以人为本"的教学管理理念，就是把人的管理作为学校管理工作的重心，根据人的社会价值和人的心理活动规律，正确运用用人方略，创新教学管理模式和方法，使人积极参与到学校教育教学改革和发展建设中去。过去，人们把教学管理工作单纯地理解为对学生、教师的行为管理，教学管理者居高临下，凭经验和权利意识指挥教学，这种重在"管"的管理模式造成的是一种呆板、僵化、服从的管理氛围，在教学管理与重大教学改革中教师没有发言权，其创造性和积极性被人为压制。如今大家普遍意识到，教学管理不仅要"管"好，还要"理"好，要以人为本，充分肯定人的主体地位和自主价值，营造一个科学、严谨、民主、开放的人才培养与成长环境，实现管理和被管理者之间的和谐统一。

人们普遍认为，教学管理人员肩负着管理的主要职责，创新的主要目的也是为了更好地服务教学，因此创新是具体执行人员的使命，与教学和学生管理工作无关。事实上，教学本身是一项综合性工作，学校所有工作都与教学紧密相关，缺乏各方支持配合的管理创新将成为无根之木，难以持久深入。当前，为了规范而设立的各类部门和职位，有利于将具体工作做细做精，却也容易滋生部门主义和山头作风，产生许多工作壁垒，使得一些综合协调性的工作效率低下，得不偿失。

用弹性制度切中规范与创新的最佳结合点。长期以来，学校管理重视制度建设，这对教学管理的规范和教学秩序的稳定起到了非常重要的作用，但是过于刚性的管理制度也会制约教师的个性发展，制约管理人员创新行为的产生。因此，要建立完善的弹性教学管理制度，既增强教师的自主性，激活其内在的动力和潜能，又充分发挥教学管理人员的创新智慧。所谓弹性教学管理制度，是指根据社会的最新变化和教学需要，实施切合专业发展、课程教学的一系列具体的管理方法、措施和规范，这是世界高等教育教学和教学管理改革的一个趋势。

弹性教学管理制度的建立可以从弹性学制入手，进一步完善学分制。学校根据质量要求确定各专业的学分数，学生可在教师引导的基础上按照自身水平和基础，自行安排学习进度，提前毕业或延长学制；学生采取自由选课制，在修完专业核心课和专业基础课之后，自主选择感兴趣的课程，甚至允许跨校选课，通过各高校之间的学分认同，在充分满足学生个性要求的同时对所开设的课程优胜劣汰；设立奖励学分，对学科竞赛、科学研究、科研发明、社会实践中表现优秀的学生，给予学分奖励，甚至可以在条件成熟的情况下设立学分银行，对学分进行统筹管理。高校要通过学分制的不断完善，改变过去在培养目标上忽视个性特点的状况，适应社会对高素质创新人才的需求日益增长的趋势，实现人才培养模式的创新。

改革教学管理中统一制式化的做法，倡导多样化和个性化。长期以来，高校普遍存在教学计划一体化、教学过程同步化、教学方法单一化、教材使用一本化等问题。进入大众化教育阶段后，教师和学生本身更加注重个性化发展，这就要求高校实行"多层次、多规格、因材施教"的人才战略，因此，在专业课程设置、教学方法、学习方式及评价方式和教学管理方式上都必须突出多样性，给教师和学生更多的自主性。在目前流行的院系两级管理体制下，系里的教学管理自主权普遍较小，存在教务处一家独大的局面，统一管理和加强监督的理念遏制了院系的积极性和创造性，这种现象在规模较小的本科院校和高职院校中较为普遍。对此，笔者认为，要转变工作观念，各负其责，即学校职能部门专注于创造良好的条件，为教学系的教学提供便利，教学系则专注于改革和创新，紧盯招生和就业两个市场，让市场来检验改革创新的成效。

将教师纳入教学管理创新的主体中来。工作专门化、精细化曾经是管理史上里程碑式的创举，其大大地提高了工作效率，为人类物质生产做出了巨大贡献。将其引申到高校管理中来，就容易得出管理人员是教学管理创新的唯一主体的结论，目前这种论调还存在于不少人的观念中。实际上，在管理学领域提出了更为符合形势发展需要的工作扩大化的做法。教学管理人员与教师之间的界限需要淡化而不是强化，二者结合可以极大地互补，因此，将教师纳入教学管理创新中来刻不容缓。首先，教师应该为教学管理创新提供最为真实的数据和资料。教师既是教学管理的参与者，又是被服务者，对管理过程中存在的缺点和不足有深刻的认识。如同管理人员应有教学科研任务一样，教师也同样应该具备管理水平和能力，并在考核指标体系中体现出来。其次，教师应该充分运用教学管理创新成果。教学的改革与创新离不开学生的参与和反馈，而教学管理部门恰恰在这方面具有优势，而且教学管理创新的主旨也在于为教学服务。教师在运用创新成果的基础上，将优缺点及时反馈，有利于教学管理创新的良性互动和可持续发展。

提高教学管理者的管理水平。教学管理的对象是人，"以人为本"管理理念的体现其关键是教学管理者本身的素质与水平能力，而目前高校教学管理队伍相对教学队伍来说，教育教学管理理论知识贫乏，学历层次高低不均，每天大多忙于烦琐的日常教学管理事务，致使教学管理缺乏科学性和创造性。教学管理本身兼具行政管理与学术管理双重属性，教学管理人员不仅要懂得一般管理经验，更要了解、研究教育理论和教学规律。因此，笔者认为应从以下几个方面入手：（1）加强对教学管理人员的培训，提高其管理水平，更重要的是使其更新教学管理理念，树立"以人为本"的管理理念，增强服务意识，为教师的才能发挥提供广阔的空间；（2）致力于制定、实行公平的政策，创建可持续性的公平竞争环境，建立能持续调整的弹性机制，以实现管理效能整体提高的目标；（3）熟练掌握学校教学网络系统，以提高教学管理效率，建立现代化的教学信息服务系统，包括所有课程的教学内容信息、课程调度信息、学习要求和毕业资格信息等，以方便学生查询、选择、自主设计学习方式。

当然，单纯强调以人为本，也会忽视管理应该遵循的客观规律，使管理失去客观性、公正性和规范性，造成管理的随意性和软弱性。高校教学管理应该是人文精神和科学精神的综合体，严格的科学管理制度与"以人为本"的管理理念二者相辅相成，才是理想的教育管理模式。

第二节　高校教学管理创新的必要性

高校教学管理是一项重要又复杂的工作。近年来，随着教育体制发展的不断深化，对高校教学管理进行不断创新已是必然趋势。本节笔者以高校教学管理创新的必要性为切入点，重点对高校教学管理创新的对策进行详细探究，从而保证高校教学管理迈上一个新台阶。

建设创新型国家是我国提出的新型战略方针。如何实现创新型国家，关键在于创新型人才的培养与储备。高校作为创新型人才培养的重要阵地，对创新型人才的培养成为高校教育教学管理的重中之重。

一、高校教学管理创新发展的必要性认识

随着教育体制的不断深化发展，培养创新型人才成为高校的首要教育工作。高校教学管理的创新不仅是时代发展的需要，更是国家建设的需要；另外，受市场经济体制的影响，高校要不断发展进步，必须进行教学管理创新工作。新时期高校教学管理创新的必要性主要包含以下几方面内容。

（一）高等教育大众化发展的迫切需要

近年来，我国各大高校每年招生规模都在不断扩大，我国高等教育从精英教育向大众化教育发展。正因为招生规模不断扩大，高校面积不断扩张，使原本简单的教学管理工作变得越来越复杂，但是对于现阶段的高校教育来说，这是新时代发展的必然产物，同时也是社会不断进步的体现。因此，为了使高校教育跟上时代的发展，必须对高校教学管理进行不断的创新与发展。受市场机制的影响，部分高校只追求学生数量的扩大，忽视了对学生质量的要求，使得其发展速度远远跟不上高等教育大众化的发展速度，最终导致其课程教育、教学等都与社会发展需求相背离，培养人才技能结构过于传统。虽然近年来大学生毕业人数不断增加，但是真正就业步入社会后，一些高校学生所学的专业无法和社会需求相挂钩，不仅学生的就业质量得不到保障，还造成了教育资源和人力资源的浪费。

（二）高校自身发展变化的迫切需要

近年来，我国大部分高校招生力度不断扩大，校区规模不断扩张，其中还有不少高校在本校区以外建立分校区，教学管理工作只能跨校区管理。如此一来，想要实现规范统一的教学管理必然有一定的困难。教学资源分散、管理难度增加、管理效率低下，诸如此类问题的存在，成为高校教学管理创新工作中必须解决的内容。传统教学管理模式与经验已然不适用于现今的跨校区、多校区教学。新时期新背景下对高校教学管理进行创新发展已成为高校自身发展的必然需求。

（三）高素质创新型人才培养的迫切需要

进入21世纪以来，世界各国综合国力的比拼越来越白热化。而有效提高综合国力的关键在于科技实力的提高和创新型人才的培养。高校作为培养人才的主要场所，学生的

创新教育成为重中之重。高校首先应该改变思想，重新审视传统的教育理念，重新定位创新创业型人才的培养目标；其次要从教学管理制度入手，对专业设置、人才培养目标重新进行创新性定位，优化现有的教学管理制度，制定满足培养学生实践能力、创新精神和创业能力的教学管理制度。高校教师在教学过程中要充分考虑并尊重学生的个性差异，懂得因材施教。另外，还要注重学生的个性化发展，培养学生的自主学习能力，并为学生自主学习创造有利的环境和氛围，采取灵活多变的教学方式，充分为学生的实践活动提供指导，从单一的课堂教学转变为教学竞赛一体化的教学模式，充分发挥学生的主体作用，把教学的主体从教师向学生转变，从而为培养出更多的创新型人才打下基础。

二、高校教学管理创新性对策研究

教学管理工作作为高校工作的重中之重，若要实现高校教学管理的创新就要全面分析问题，并从整体入手进行优化，既要坚持虽然传统却行之有效的管理模式与经验，又不排斥引进学习先进的管理方式。笔者谨提出以下几点建议完善高校教学管理的创新性改革。

（一）坚持"以人为本""以学生为本"的指导思想

理念是行为的主导，正确的理念能够引导人们在正确的道路上前进。教学理念对教育实施者的行为产生影响，对教学内容、课程设置、教学方法、教育目的乃至师生关系也有影响。高校的教学管理创新，归根结底是教学管理理念的创新。高校教学管理创新的根本是革新教育管理理念，其科学发展的核心就是"以人为本"。在高校教育过程中，坚持"以人为本"就是"以学生为本"，所有教学管理工作都要秉承"一切为了学生，为了学生的一切，为了一切的学生"的管理原则，将人文关怀渗透到日常教学与管理活动中，尽可能凸显教育方法的开放性与灵活性，最大限度地保留学生的个性差异，让他们在高校中培养出强大的自主学习意识和创新创业能力，逐渐成为社会发展与国家进步所需要的创新型优秀人才。

（二）教育者加强自我学习，提升整体管理能力

加强对高校教学人员的管理，不断提高管理人员的整体工作水平主要包括以下几方面内容：第一，思想政治修养的加强。高校作为文化传播的重要场所，肩负着培养人才、发展科学和社会服务的重担，因此高校教学人员首先要具备高度的责任心，用严谨认真负责的态度对待工作，这是高校教学管理创新性发展的前提。第二，掌握现代教学管理的理论知识。为了提高高校的教育管理水平与教学质量，每一位高校教学人员都应该全面掌握现代教育理论知识，尤其是对教育心理学、教育管理学等方面的学习，还要对教

育教学管理制度有充分的了解，以此保证教学管理工作顺利开展。第三，高校教学人员应该具备创新能力和创新意识。为了高校更好地发展，教育不断改革，具备创新能力和创新意识是不可忽视的重要内容，只有具备这两方面的能力，才能为高校献言献策，提出新的发展方向，为高校创新性发展提供实践理论基础。只有在创新的道路上不断前进，找出适合自身的发展道路，才能使学生个性化发展得到保证，才是不断提高学生学习积极性的基础。"互联网+"对高校教学人员提出了更高的技能要求。网络、电脑、智能手机等已成为教学管理工作的重要工具，这就要求高校教学人员在工作中自觉地多学习，积极地发挥创新意识，多掌握一些网络技术，不仅可以使工作效率得到保证，还能保证教学各项工作的准确率。

（三）充分发挥"双效激励机制"

"双效激励机制"不仅是教师积极参与教学管理的基础条件，同时还是激发学生主动学习的动力。"双效"一是指对教师的激励机制。高校要进一步完善针对教师所实施的各类福利政策，让教育者毫无后顾之忧地投身教学工作，一方面要不断加大课时津贴、教学奖励等福利政策的实施力度；另一方面要鼓励高校教育者将个人兴趣融入教学活动中，改变重科研轻教学的倾向，做到教学与科研两手都要抓，两手同时抓，努力为教师营造出公平合理的教学管理氛围。"双效"二是指对受教者——学生的激励机制。充分地发挥对学生的激励机制，是提高学生学习积极性与创新性最行之有效的措施。首先，高校要给学生创造出良好的学习氛围，引导学生提高自主学习能力及创新能力，树立正确的人生观、世界观和价值观；其次，高校要多途径、多方面为优秀学生搭建创新平台，使学生接受教育的场所不再单一地局限于课堂，通过诸如课程实践、实习、竞赛等多途径为学生发展提供机会；最后，高校要建立学生参与教学的管理制度，让学生通过校方的正规途径充分了解学校、学院在教学管理方面的创新性工作，从而更好地发挥学生的主观能动性。面对新时期的高校发展，建立"双效激励机制"已是必然趋势，"双效激励机制"支持教育者与受教者的工作与学习，让教与学在高校教学中发挥出最大的功效与潜力，从而达到教学目标的最优化。

（四）深化教学管理体制创新

为了满足新时期我国经济体制的发展需求，教育体制要适时进行相应的改革与创新。学校主要进行宏观政策、机制上的调整，进行相应评估检查，各个学院的主要职责是对教学过程和教学质量进行监管，因此，高校教学管理重心要下移。一方面，高校要改变传统专业课程的设置模式，让全体教师都主动参与到教育教学改革、学生课程培养方案优化工作中，从而不仅能发挥出教师的各自优势，还能节约高校的教育资源；另一方面，高校要完善教学管理中校、院两级分级管理模式，重点强调院系教学管理的主体地位，明确其中的权利与责任；建立更加科学的学分制度，努力促进高校教育思想、教育观念、教学模式、教学内容与方法的变革。

高校教学管理创新工作是大势所趋，必须凝聚国家、高校和社会各界的力量协同完成，秉承"以人为本"的科学发展理念，努力提高自身的管理能力，充分发挥"双效激励机制"，努力深化教学管理体制创新，为高校教学管理创新迈上新台阶奠定坚实的基础。

第三节　网络时代高校教学管理的创新

随着网络信息技术的发展和高校教学改革的不断深入，高校教学管理信息化建设在资金、人员、教学管理软件以及教学评价标准方面都跟不上发展的速度。高校要进一步提升教学管理的科学化和现代化水平，就要在电子教务管理系统、管理人员信息素养、筹资渠道、教学管理软件、教学评价机制、可持续发展等方面积极探索教学管理信息化建设的新路径。

高校教学管理信息化是高校利用先进的计算机、数据库和网络技术，实现教学信息的资源共享，使传统的教学管理向规范化、科学化、数字化和网络化发展，最终形成与高校教学管理发展并存又相互作用的虚拟教学管理系统。近年来，随着现代信息技术的飞速发展和网络基础设施的不断完善，高校教学管理信息化建设取得了重大进展，采用信息技术运行的各种教学管理信息系统更是得到了广泛的应用，促进了从宏观到微观的高等教育管理体制的改革与创新。

一、网络时代高校教学管理信息化建设的背景

随着科学技术的进步和全球经济的飞速发展，人类社会已进入一个崭新的信息革命时代——网络时代，同时也对高校人才的培养提出了更高的要求。在网络新时代发展背景下，高校教学管理工作主要体现以下三个方面：

第一，网络时代高校教学管理面临的新问题挑战。21世纪是一个信息技术高速发展的时代，以计算机技术、网络技术以及各种新媒体手段为核心的信息技术纷纷出现，并被广泛应用于社会各领域中，成为拓展人类能力的主要工具。在这样的信息化环境下，高校的教学管理工作面临着新的机遇和挑战。一方面，高校可以充分地利用现代化的信息教育手段来开拓教学管理工作的新局面，促进教学管理理论和方法的创新，提高教学

质量，探索与发展全新的教学管理模式；另一方面，高校教学管理在运用各种现代化信息技术教育手段的同时，也面临着科技新发展所带来的各种挑战。例如，各种新媒体及网络技术的购买和维修成本高，对高校的经费投入提出更高的要求；新教学设备的维护工作对专业的技术支持人员提出新的需求。

高校大力推行教学管理改革运动。近年来我国高等教育事业获得快速发展，学校办学规模不断扩大，在校学生人数持续增加，毛入学率不断提高。我国高等教育已经逐渐由精英教育向大众教育转变，这给高校教学管理工作带来了前所未有的压力和挑战，如何确保高等教育教学的质量，防止教学质量滑坡已成为社会各界重点关注的问题。显然，高校过去传统的教学形式和管理体系已经难以适应大众化高等教育的发展。为了应对这种挑战，国内很多高校进行了以选课制、学分制、弹性学制为核心的教学管理改革运动。选课制是学生在一定的规则范围内，自主选择所修的课程。学分制与学年制相对应，以学分考核学生的学业完成情况，用规定的毕业最低总学分来衡量学生的学习量和毕业标准。弹性学制是学分制的另类发展和表现，指学生可以根据自身的条件和特点来安排学习，其最大的特点是学习时间的伸缩性、学习过程的实践性以及学习内容和学习方式的选择性。这些教学管理改革运动在一定程度上配合了高校教学管理信息化建设的需求。

21世纪对创新型人才的需求。21世纪是知识经济的时代，是全球政治经济一体化、文化多元化的时代，社会、科技和经济等各方面的发展对人才的培养提出了更高的要求。创新能力越来越成为各国衡量人才的首要和关键标准，高素质的创新型人才成为推动社会各领域飞速发展最重要的动力，其能够有效地推进创新型组织及创新型国家的建设。自1995年我国提出科教兴国战略以来，创新人才培养成为国家人才战略的核心，而实施科教兴国和人才强国战略，就必须加强科技创新和教育创新，在社会的各个领域培养出具有国际竞争力的创新型人才已成为我国教育事业的首要目标。清华大学教育研究院2012年5月发布的一份"以学习者为中心"的研究报告称，和美国的研究型大学相比，我国的"985"高校在激发学生自主学习的愿望与能力、提供创新性学习方面表现不佳，"填鸭式教育"在我国高校仍未得到根本性改变，因此，在高校建立创新型人才的教学培养模式是我国教育目前亟待解决的问题。高校要顺应21世纪教育创新发展的需要，实行高效以及操作性强的教学管理新模式，注重对学生创新能力和综合素质的培养，充分运用信息技术手段进行教学管理，提高教学管理效率，实施个性化教育，培养创新型人才。

二、网络时代高校教学管理信息化建设存在的问题

在当今网络时代，虽然高校教学管理信息化在我国越来越受到重视，但大多数高校还

处于起步阶段，发展不完善，在资金、人员、教学管理软件以及教学评价标准等方面还存在很多问题。

资金投入不足。教学管理信息化需要有完备的教学设施。虽然高等教育信息化建设的重要性越来越受到各高校领导的普遍认可，但是资金投入不足仍是制约高校信息化发展的因素之一。究其原因：一是由于高校扩大招生规模，高等教育日益大众化，单一的国家财政拨款远不能满足高校发展的需要，教学管理信息化建设上的投入也就相对不足；二是近年来各高校都在加快建设的步伐，将主要经费投入校园建设、人才培养、教学项目等方面，忽视了教学管理信息化建设；三是教学管理信息化建设中所运用到的多媒体及网络技术的购买和维护成本较高，资金投入总量较大。此外，由于我国区域间经济实力发展的差异，导致不同地区的高校教学管理信息化发展水平极不平衡。那些经济发展水平较高、经费投入多的高校，教学管理的信息化程度较高，建立起了完善的电子教务管理系统，而一些地方性院校、中西部高校，由于经费投入不足，教学管理信息化的进程严重滞后，有些地区甚至缺乏基本的网络教学设备。

相关技术人员队伍建设滞后。由于教学硬件的维护以及教学软件的研发等，高校教学管理信息化的建设过程离不开高素质的专职技术人员的支持。然而，高素质的专门技术支持人才的匮乏成为制约我国高校教学信息化发展的又一障碍。在实际工作中，由于受人员编制、资金投入等因素的影响，在职位设置上，各高校普遍没有专门的技术支持人员岗位，导致信息化的教学设备维护的技术水平较低，教学管理系统的稳定性和安全性得不到保障；在具体教学过程中，经常出现教学设备突发故障时没有专门的技术人员及时进行维护的情况，导致正常的教学活动受到影响；在教学管理软件的研发上，许多高校由于自身缺乏专门的技术支持人员，往往单纯地依赖外部专业的程序开发人员来规划和设计教学软件和系统，导致设计出来的软件和系统出现功能与实际不符或者操作不便等诸多问题。需要引起关注的是，教学管理的实践证明，高等教育信息化的建设速度越快，技术支持的问题就越突出。

教学管理人员是高校教学管理工作的组织者和实施者，在具体教学活动中起着至关重要的作用，直接影响着教学任务的完成。如今信息化的教学管理环境对教学管理队伍的综合素质提出了更高的要求，信息技术素养越来越受到重视，但是，在对教学管理人员进行招聘时对其素质要求不高，录用后又忽视对他们进行系统的培训，加之他们自身传统教学观念的落后，导致高校教学管理人员的信息技术素养普遍偏低，不熟悉计算机和多媒体技术的操作，不善于使用网络技术、计算机、互联网等现代信息技术手段去获取、分析、反馈信息以及处理繁杂的日常事务性工作，缺乏学习和应用新技术的积极性和主动性，工作效率低，这些都制约了高校教学管理信息化建设的进一步发展。

缺乏完善的教学管理软件。目前，我国很多高校学籍管理、考务管理、教材管理等信息管理软件已经在实践中得到了应用，在成绩、选课、学生基本信息管理等方面发挥了一定的作用，大大提高了高校教学管理的效率，但是这些软件大都属于教学管理信息系统的某一局部应用，其开发时间、使用要求以及应用水平都呈现出不均衡性。此外，这些教学管理软件大多是各高校委托专门的技术公司研制或是自行研制开发的，缺乏信息化平台建设的统筹规划性。高校在信息化建设过程中忽视教学管理信息化的核心地位，数据共享和传递困难，难以实现资源统一管理的目的。

缺乏支持教学管理信息化的评价标准。随着学生对网上教学平台和电子课件利用率的提高，自助式教学在我国很多高校越来越受到热捧。然而，支持高等教育信息化的教学评价标准尚不成熟，自助式教学的效果如何检验、教师网上答疑和多媒体课件制作如何计算工作量等一系列问题不断涌现，急需解决。众所周知，教师在教学过程中采用信息技术要花费教师更多的时间，会成倍地增加教学工作量，但很多高校的人事考核还没有对这种额外劳动进行科学的评价和物质奖励，从而大大影响了教师运用信息技术进行教学的积极性和主动性。此外，信息技术与教学的结合涉及教学模式的改变和学生学习效果的评价，这种教学评价工作的执行也需要以统一的标准为参考依据。

三、高校教学管理信息化建设的新路径

网络时代，高校教学管理信息化在高等教育改革和发展中起着越来越重要的作用，为了进一步提升高等教学管理的科学化和现代化水平，各高校要在电子教务管理系统、管理人员信息素养、筹资渠道、教学管理软件、教学评价机制、可持续发展等方面积极探索教学管理信息化建设的新路径。

建立信息化电子教务管理系统。高校要根据自身的实际情况，利用现代信息技术，建立以信息化为平台支撑、完整统一和技术先进的电子教务管理系统，实行以信息化为平台支撑的教学管理改革，实现智能性、互动性、个性化的教学管理。高校要建立信息化的电子教务管理系统，可以从以下几个方面着手：一是建立完备、可靠的教学信息处理系统，在各教务管理部门间实现统一的信息浏览、成绩管理，通过对学生基本信息的高速共享，促进教学管理部门之间的高效协作；二是建立集教务工作自动化和信息化为一体的先进的电脑网络系统，通过电子化、无纸化、信息化，实现教学管理的规范化，提高教学管理效率；三是随着教育资源管理系统、课程管理系统、课程制作系统、智能答疑系统、作业与考试系统等的相继出现，推行以选课制、学分制、弹性学制为核心的教

学管理改革运动，实现个性化教育和创新人才培养。此外，高校还要利用网络技术，发挥互联网的优势，建立教育资源库和校园门户网站，为学生和教师提供方便的网上教学平台，为师生构建网上协作学习的良好环境。

提高教学管理人员的信息技术素养。高校教学管理信息化建设对教学管理队伍的综合素质提出了更高的要求。提高教学管理人员的信息技术素养和信息管理能力是实现教学管理信息化的关键。首先，在新任教学管理人员的招录上要针对信息技术素养设定一定的录用标准，通过现代化信息教学设备的实际演练和操作进行能力考核，择优录取；其次，要对新任教学管理人员进行信息技术培训，根据岗位特点，有针对性地加强信息管理知识的培训，提高计算机、网络技术和多媒体技术的应用水平，扫清技术和操作上的障碍；最后，对在职的教学管理人员进行年度性的信息素质考核，通过制定有效的奖惩机制，促使教学管理人员主动适应信息化社会发展的需要，不断提高自身的综合素质，不断积累计算机、网络、多媒体技术等方面的知识，更新和拓宽自己的技能领域，熟练驾驭现代信息教学技术。高校通过这三个途径最终要打造一支具有教学管理经验和创新能力，能熟练应用基于网络技术的教学管理信息系统的高素质的教学管理队伍。

多渠道多元化筹措资金。长期以来，我国高校形成了以财政拨款为主要经费来源的筹资格局，虽然自20世纪80年代以来国家财政和各级地方财政对教育经费的拨款逐年增加，但是由于高等教育规模的不断扩大以及物价指数的飞涨，单一的国家投入远不能满足高校发展的需要。因此，我国高校要借鉴发达国家高校教学管理信息化的经验，结合市场经济的发展特点，通过广泛的社会服务和参与，形成以国拨经费为核心，多渠道多元化的筹资体制，充分发挥中央政府、地方政府以及高校在教学管理信息化建设中的集资作用。中央和地方政府除了每年向高校提供固定的财政补助外，要通过制定相关税收优惠政策，鼓励和支持各种社会团体、企业和个人参与高校信息化建设，高校通过引进技术和资金，更新落后的教学管理硬件配套设施，建设性能优异的电子教务管理系统。

开发优质的教学管理软件。优质的教学管理软件是实现教学管理信息化的重要条件。目前，我国不少高校都是委托校外某个公司或机构来完成教学管理信息软件和系统的程序设计与开发，学校教务管理部门本身并不参与或很少参与这个过程，导致开发出来的教学管理软件和系统在实际应用中存在很大的局限性。因此，各级教育主管部门、各高校要组织本校那些既懂现代信息技术又懂教学管理的人员共同开发研制质量高、适用性强的教学管理软件，而教务处的系统规划者也必须全程参与开发。在具体的开发过程中，要采用国家标准和教育部对教育信息化管理的规范，充分考虑上级教育主管部门对学校和下级管理部门的要求，实现数据的完全共享，提供完整的信息指标体系，使其内容能够满足各种类型高校的需求。

建立教学管理信息化的评价机制。科学的教学管理信息化评价和激励机制可以有效地促进教学工作水平和教学质量的提高。为了有效地促进高校教学管理信息化建设的发展，各高校要根据不同层次和类型的教学工作要求，制定科学合理的评估指标体系，采取切实可行的评估方法，对各层次和类型的教学管理工作进行科学客观的评估，为今后改进教学管理工作提供科学的依据。此外，高校要制定支持教学管理信息化的教学评价标准，对教师因运用信息化技术进行教学而增加的额外工作量进行合理评估，并建立与之相对应的物质奖励机制或课时抵用的合理计算方法，从而提高教师进行信息化教学的积极性。对信息技术和教学的结合而产生的教学模式与学生学习效果的改变也要建立一套合理的评估体系，以支持高校教学管理信息化建设的进一步发展。

促进教学管理信息化建设的可持续发展。高校教学管理信息化建设是一个长期曲折的过程，要努力使其实现可持续发展。具体要做到以下几个方面：一是实施教学管理信息化的全面、协调发展。教学管理信息化的实施不仅要体现对学校教学工作的重要支持，同时还要体现对科研、行政管理和社会服务的支持，要让教学管理信息化带动高校整体信息化的协调发展。二是对教学资源进行优化配置、合理利用与保护。教学管理信息化系统是一个较为复杂庞大的管理系统，包括硬件设备、应用软件以及管理人员等各种资源，在具体的教学管理工作中，要对这些资源进行优化利用和配置，同时还要做好这些资源的维持和保护工作，发挥它们的长期效用。三是加强各级教学管理人员的信息技术能力建设，通过不断提高教学管理人员的信息技术素养，不断深化高校教学管理信息化建议。

高校教学管理的信息化建设是当今高等教育发展的大势所趋，同时也是适应当今网络时代对创新人才培养的要求，各高校要充分利用现代信息技术，探索新的教学管理模式，促进高校教学管理信息化建设的发展，进一步提高教学管理的科学化和现代化水平。

第四节 高校教学管理创新发展探索

高校教学管理创新发展是时代变革发展的必然趋势。高校教学管理现状主要表现在教学管理工作认识程度不够及教学管理数字化程度相对薄弱。建立"以人为本"的现代高校教学管理理念，构建高校教学管理网络信息化运行机制，开展"精细化"高校教学管理模式是高校教学管理创新发展的有效途径。

改革开放四十多年，随着我国科教兴国战略的推进实施，高等教育事业实现了深刻变革与巨大发展。适应时代发展需要，是我国高等教育改革与发展的基本目标与要求。习近平总书记在党的十九大报告中明确提出："要加快一流大学和一流学科建设，实现高等教育内涵式发展。"高校教学管理工作是高校管理工作的核心内容，是高校培养高质量人才服务社会的重要保障。根据现阶段我国高等教育发展的实际情况和特点，国家教育相关管理部门对高校的教育管理提出了新要求，尽管我国高等教育在发展过程中对教学管理做出了相应的改革，但在应对新形势下的高校教育教学中面临的问题还是存在部分限制解决因素，这在一定程度上严重影响了教学质量的提高，因此，通过改革创新教学管理模式是我国高等教育适应时代发展的现实要求。

一、高校教学管理创新发展的必要性

（一）是时代变革发展的必然趋势

步入 21 世纪后，社会改革发展使得社会政治、经济、文化及教育等方面都发生了巨大变化。高校作为为社会发展输送人才的主要阵地，根据时代变革特点打破原有的教育管理模式，提升教育质量是高校教学管理创新发展的基本原则。相关资料数据统计，与改革开放初期我国专业教师人数 20.6 万人相比，2017 年我国高校专业教师的数量已经达到 163.32 万人，师资数量及结构发了巨大变革，中青年教师及青年教师成为师资结构的主要组成部分。随着时代的变革发展，如此庞大的教师队伍是高校教学管理进行创新改革所要考虑的重要层面。2016 年 6 月，教育部下发的《教育部关于中央部门所属高校深化教育教学改革的指导意见》明确指出，提高人才培养质量是高等教育的核心任务，深化教育教学改革是新时期高等教育发展的强大动力。当前，在高校教学管理中深入推进信息技术与教育教学管理深度融合是时代变革中教学管理创新发展的必然趋势。

（二）互联网技术普及应用为高校教学管理提供新契机

随着互联网信息技术的不断发展，当前社会已经进入信息时代，互联网的普及已经成为社会发展的趋势并逐步应用于各领域。2015 年 7 月，国家下发的《国务院关于积极推进"互联网+"行动的指导意见》指出，要充分发挥互联网的高效、便捷优势，提高资源的利用效率，加快发展基于互联网的教育等新兴服务，因此，建设以互联网应用为基础的网络信息化管理是高校教学管理改革的重要途径。互联网技术在高校教学管理中的应用可以使管理更为精准化、人性化及集约化，高校在教学管理中运用互联网进行多种信息传播将更为技术化，在操作过程中精准程度将大幅度提高；同时，互联网技术在劳动强度方面可以极大地减轻工作人员的工作量，提高日常教学管理的工作效率。高校通过互联网技术与高校管理服务体系深度结合，利用互联网带来的公共数据资源的开放获取优势，可以形成在线"一体化"公共服务体系，将服务资源进行有效整合，从而实现数字化及智能化的高校教学管理服务模式。

二、高校教学管理创新发展的有效途径

（一）建立"以人为本"的现代高校教学管理理念

"以人为本"是科学发展观的核心，体现了全心全意为人民服务的根本宗旨。高校教学管理的本质就是在教师从事教育教学过程中尽可能地进行辅助服务。"以人为本"的现代教学管理新理念其核心就是围绕教师和学生通过使用科学的管理模式对学生及教师开展教学管理工作，与传统的管理模式相比，弱化了以理性为中心开展管理工作，是当前高校教学管理改革发展的必然趋势。一方面，高校管理人员通过加强自我服务意识的提升，对学生及专业教师的个性化需求给予最大化的满足，在教学、科研及服务管理过程中做到规范管理、人性管理和民主管理，切实做到以人为本，突出人性化的教育管理理念；另一方面，高校管理人员要重视学生的地位。学生是高校教学管理内容的重要组成部分，发挥学生的主观能动性可以激发学生的学习兴趣，进而提高教师的教学效果，达到人才培养的最终目的。

（二）构建高校教学管理网络信息化运行机制

"互联网+"与高校教学管理工作的紧密融合使信息资源高度共享得以实现。高校网络信息化运行是提供服务于学生及教师办理日常事务的最简化途径；应用教学管理信息化系统是高校进行网络化办公的主要方式；提高高校教师及学生对教学管理信息化系统的使用效率是构建高校教学管理网络信息化运行机制的根本目的。积极引导高校学生正确、快速地使用高校教学管理系统，减少现场办公环节，可以对提高高校教学管理工作的效率起到正面和积极的作用；同时，在完善教学评价过程中，网络信息化提供的大数据可以及时分析教学过程中发现的各类问题，教师可以通过数据分析结果及时调整教学内容，最终促进整体教学效果的提高。高校教学管理在大数据的支撑下可以从宏观向微观转变，从对群体的分析与观察逐步转向个体，在分析具体学生的反馈数据基础上进行实时跟踪，以实现高校教学管理质量的显著提升。

（三）开展"精细化"高校教学管理模式

"精细化"管理模式主要是通过细化分工实现最佳管理效果的一种职责明确化方式。在高校的教学管理中，开展"精细化"教学管理是高校教学管理创新发展的有效途径。高校的"精细化"管理模式主要是通过对正常运行的教学管理的各个主要环节进行合理

策划、精心组织，紧扣管理中的实际情况依据"以人为本"的主要原则加大管理力度，实现教学管理从量的改变到质的提升。一方面，通过"精细化"管理加强高校管理工作人员的素质提升。制订精细化的教学管理工作人员素质提升计划对其展开培训；利用聘请专家进行专业化讲座及参观培训的方式，对精细化管理相关实践技能开展有效学习，逐步掌握流程化的管理技巧。另一方面，要构建精细化考核监控体系。通过精细化的管理考核体系可以激发高校管理工作者的工作情绪，调动其积极性和主动性，同时在不断完善奖惩机制的过程中，激励教学管理人员不断改革创新。

第五节　大数据背景下高校教学管理创新

在互联网技术的迅速发展及影响下，我国已经进入大数据时代，大数据信息使人们的生活、工作、学习得以改变，同时也受到了教育管理者的推崇与使用，其中高校的教学管理工作也在适应着时代的发展需求，不但摒弃了以往落后陈旧的教学管理方式，而且充分地利用大数据信息对教学管理模式进行了创新改革。目前，将大数据信息与高校对学生的管理模式进行有机结合，不仅能彻底摆脱低效落后的管理手段，而且能够大大地提高高校对学生开展管理与服务的工作效率。但是，在大数据背景下的高校教学管理工作依然存在很多问题，如何高效解决这些问题且采取相关策略去推进高校管理工作的顺利开展是十分值得探究的。

高校是学生接受教学培育以及日常生活的主要阵地，因而需要制定有针对性的有效的教学管理制度，并且通过充分运用教学教育的管理手段，实现对学生的教学管理目标。大数据的普及运用为教育行业带来了新生，很多高校慢慢脱离了过去传统陈旧的教学管理模式，同时为了适应大数据时代的发展趋势以及当前的教学管理实际需求，对教学管理工作也实施了一场创新改革，并取得了很明显的效果，但是由于经验不足，在有些方面尚且有不足之处，如何更好地将大数据信息技术与高校教学工作结合起来，是高校当前面临的挑战。

一、大数据技术的概念内容

大数据技术涵盖海量数据的整合，指的是无法在一定的范围与有限的时间内开展信息内容的收集与高效管理的数据形式。通过整合与处理海量的大数据信息资源，能够对企业事业单位的相关工作进行相应的决策指导，优化大量信息数据的管理过程，且推进不同种类无形资产的快速增长。运用大数据技术的最终目标并不是搜集大量的数据信息，而是处理巨大的数据资源，通俗来说，就是整合使用多个数据信息库，再对数据库中覆盖的大量信息资源进行加工，在原来的基础之上促使数据信息价值增值。

二、大数据背景下高校教学管理中存在的问题

高校教学管理工作中收集与整合数据缺少明确的目标。当前很多高校虽已运用大数据技术，但处在我国信息化建设工作的起始阶段，大数据在高校教学管理中的使用相对较少，并且缺少清晰明确的工作目标。高校的相关管理部门对学生数据的收集，没有按照日常学习与活动的数据要求进行数据的收集、整合与储存，而是对高校学生的所有信息开展收集管理，包括图书借阅、课外活动、课堂学习、兴趣爱好等信息，致使高校对学生的数据信息管理缺少规范、科学、明确的实行目标，搜集到的学生数据信息杂乱不齐，其中有很多数据信息根本没有什么存储价值，而重要的学生数据信息又会出现漏采及没有记录的情况，这就会造成高校的教学管理工作出现失误和偏差。

高校的数据化教学管理与实际人才的需求存在脱节的现象。在大数据时代，高校获取及存储的信息数据，基本上都是将不同种类的信息数据区分开来再储存到不同的数据管理库，所以高校不同的数据管理库存在着差异化的信息数据，各种各样的教学资源信息如孤岛效应一般存在。很多高校数据信息库之间没有建立内部联系，导致无法共享资源信息，而且社会与高校之间也缺少直接的数据交流途径。在各种数据资源独立与不相连的情形下，高校的教学管理能力自然会大大降低，高校对学生进行的一系列教学活动自然也无法满足社会企业对人才的实际需求。当下高校的教学管理数据库建设依然处于利用信息数据的过渡时期，挖掘和分析的数据信息内容不够全面化、统一化，数据信息资源对指导高校开展教学活动也起不到突出的作用。

三、大数据背景下高校教学管理的创新策略

加强高校教学应用数据信息技术的管理意识。当前，大数据不但是高校教学管理的无形资源，也是高校不同部门进行教学管理决策的关键性依据。目前很多高校的教学管理部门，对学生的数据学习缺少敏感性，运用多种信息数据对学生进行管理的效果很不理想，根本实现不了专业化、精准化的教学管理。因此，从大数据信息技术的分析和研究的教学角度出发，高校教学管理相关部门的工作人员要加强自身数据化管理的工作意识，创建对学生进行教学引导的信息化平台，对高校的各种数据资源信息进行统一整合，深度挖掘出与学生心理教育及课程教学有关的数据信息内容，以此来真正实现大数据对高

校教学管理的有效服务。

创建数据信息的统一管理标准,实现数据共享。构建统一的高校教学信息管理的相关标准,能够大大地减少采集信息时出现过多无用的数据,从而有助于充分保障收集、储存及利用有用的数据信息,同时也能减少工作量,提升管理效率;另外,各个高校建立统一数据收集与管理的相关标准,能够使不同的云端存储平台形成有机的衔接,通过互联网平台去共享和交流各种数据信息资源。高校可以利用服务器和数据库等相关硬件设备,通过互联网平台共享互通学生的数据信息资料,再筛选出有用的信息进行深度挖掘。例如,高校的相关管理部门可以将学生的考试成绩、得奖情况、挂科情况、参加社会实践活动情况、课堂表现等信息进行统一整合,在学期末根据这些信息对学生进行综合性考核,给予相关的奖励与惩罚,如对表现好的学生发放奖学金、发放优秀学生的荣誉证书、保研等,而对表现差的学生可以实行记过,甚至留级的对应惩罚。

第六节 "慕课"背景下的高校教学管理创新

在高等教育信息化背景下,慕课浪潮席卷全球,对高校的教学管理提出了挑战。本节笔者分析"慕课"对高校的教育生态、教学理念、教学管理制度、科层管理模式、基于专业的教学管理范式、传统的教学模式等方面的挑战,探索"慕课"背景下应对这些挑战的高校教学管理创新策略:积极推进"慕课"本土化,优化师资队伍,更新教学理念,建立新型的教学团队,建立、完善"慕课"发展的规范与标准,由科层管理转向共同治理,建立课程管理的教学管理范式,创新混合式教学模式。

一、研究背景

高校教学管理,是高校教学行政人员为完成教学任务,提高教学质量,运用一定原理和方法,通过一系列特有的管理行为,组织协调和指挥、控制教学工作,以实现教学目标的过程。教学工作是学校的中心工作,而教学管理是教学工作正常运行的基础,科学合理的教学管理是提高教学质量的保障,能够促进教师不断发展提高,直接影响着学校的人才培养质量和育人目标的实现。高校教学管理的主要内容有教学计划管理、教学质量管理、教学运行管理、教学评价、课程管理、教材管理、专业管理、教师管理、学生管理、教学管理制度等。

《国家中长期教育改革和发展规划纲要(2010—2020年)》明确提出:要加快教育

信息化进程，信息技术对教育发展具有重要影响，要促进教学内容、教学手段和教学方法的现代化；应充分利用优质资源、先进技术，创新运行机制与管理模式，优化整合现有资源，构建先进、高效、实用的数字化教育基础设施。高校要利用信息技术创新教学管理方式，将教学管理与信息技术相融合，提高教学管理水平，从而提高教学管理质量。

慕课（简称MOOC，是英文Massive Open Online Course的缩写），又称为大规模开放在线课程，是一种基于计算机技术和互联网应用，通过网络平台把课程的教学录像、课程简介、教学大纲、参考资料、作业、重点难点指导等教学活动必需的资源全部上网，学习者通过在线学习和互动交流，达到获取知识和技能的教学活动。"慕课"这种大规模的在线课程掀起的风暴开始于2011年，美国《纽约时报》将2012年称为"慕课元年"。随着美国Udacity、Coursera和edX三大"慕课"平台的相继组建和更多课程的在线发布，"慕课"的发展态势呈现井喷式。2014年5月，"爱课程"网的"中国大学MOOC"正式上线，标志着我国高等教育开始进入"慕课"时代。"慕课"的规模庞大，资源丰富，由很多国家的著名高校提供，发布"慕课"的教师多为业内权威教师，教学经验丰富，课程门类众多，内容精致，参与"慕课"的学生规模庞大，来自世界各地的成千上万名学习者可以在线学习，互动交流。"慕课"将课程资源发布到网络上，学习者根据自己的喜好和需要，选择适合的课程。"慕课"课程内容公开透明，形式多样，时间和地点不受限制，对学习者的身份和人数也无要求，因此，学习者只要有时间，随时随地都可以自由学习。教育的作用体现在教师的教是为了学生更好地学，"慕课"真正还原了学的本质，实现了以学习者为中心的学习方式，体现了师生互动、生生交流，重视学生的学习体验，使学生对知识的认识和理解在互动交流的过程中逐步加深。"慕课"基于互联网平台，没有了师生之间的面对面交谈，更多的是人机对话，缺少监督和约束机制，难以保证是否是学习者本人在学习，写作业时是否抄袭，学习者学业水平的真实性无法考证，因此，"慕课"对学习者的自主性和自我约束力提出了更高的要求。"慕课"在很大程度上促进了信息技术与教育的融合，加快了教育信息化进程，并为跨国界校际交流与合作提供了桥梁与纽带，推动了全球优质教育资源共享，有利于促进教育公平，有利于学习者养成终身学习的理念。

二、"慕课"背景下高校教学管理面临的问题和挑战

"慕课"不仅是对教育技术的革新，更是对传统课堂教学模式的颠覆，"慕课"的兴起必然会带来教育体制、教育观念、教学模式、人才培养等方面的深刻变化，这些变化又会给教学管理带来一系列的问题和矛盾，成为高校教学管理面临的新问题、新挑战。

（一）"慕课"对高校的教育生态提出了挑战

"慕课"的出现给现有的高等教育生态带来了冲击，高校将面临全球化竞争的压力。任何人在任何地方只要通过网络就可以在线学习，与名校名师交流，教育生态向开放转型，高等教育的大众化、普及化是大势所趋。"慕课"的机会均等，促进了教育公平，同时也改变了高校的竞争模式；"慕课"带来了教育成本的降低，对高校的管理体制也带来了挑战；"慕课"可以免费学习，如果想得到学分或证书，只需缴纳少量费用即可，相对而言，高校的学生学习成本要高得多，每年数千数万元的学费以及同质化的课堂教学模式已引起了教育界对高校教育教学改革的思考；"慕课"打破了高校的围墙，也打破了世界范围内的国界限制，高校面临全球化的竞争。一些名校或具有优势资源的学校，通过"慕课"可以扩大知名度和社会影响力，从而在竞争中占有绝对优势；而生源和师资力量相对薄弱的应用型高校，在竞争中明显处于劣势。

（二）"慕课"对高校的教学理念提出了挑战

目前我国的高校普遍存在重科研轻教学的传统，评价一所大学的优劣也往往以科研指标来衡量，教师在职称评审和待遇方面也和科研直接挂钩，因此，大部分教师将主要精力用在项目申报和发表论文上，无暇顾及教学的好坏。教师对学生的学习关注不够，教学方式单一，教学效果很难得到提高。"慕课"作为一种全新的教学模式，对高校教师的教学计划、课程设计、教学大纲、教学内容、教学投入等提出了更高的要求，对学生的主动性、积极性、参与性，对教学管理的科学性、规范性、先进性等都提出了更高更严格的要求。来自国内外名校名师的"慕课"，无疑对学生有着更高的吸引力，这必将给一些师资力量相对薄弱的一般高校和教师带来巨大的压力和冲击。因此，高校教师和管理者必须改变重科研轻教学的理念，把教学工作作为高校的中心工作，树立"以学生为中心"的教学理念，提高教学水平和人才培养质量。

（三）"慕课"对高校的教学管理制度提出了挑战

高校的教学管理制度是高校对教学工作进行有效管理、对师生员工的行为规范进行约束引导，从而实现高校教学目标和人才培养目标的重要保障。教学管理制度在高校中具有约束、激励和导向功能。"慕课"的到来，对于高校的管理者来说，还是一个新鲜事物，在"慕课"建设与推广过程中会出现新的问题和矛盾，传统的教学管理制度已不适应"慕课"背景下的教学管理，需要相应的教学管理规章制度来支持"慕课"的顺利开展。如何制定"慕课"课程的认证标准，如何引导教师积极参与"慕课"建设，如何计算"慕课"的学分，如何共享"慕课"的优质资源，如何改革"慕课"背景下的教学管理方式，如何评价"慕课"

的教学质量,如何调动学生的学习积极性阻止学生的抄袭与作弊,如何建设本土化"慕课"课程,如何计算"慕课"的教学工作量,等等,这些都对传统的教学管理制度提出了挑战。

(四)"慕课"对高校传统的科层管理模式提出了挑战

传统的教学管理是建立在科层管理基础上的。科层管理强调的是程序化系统化的方法,在严密设计的各种组织中有很多规定好的程序,通过成员执行规定的程序完成任务。科层管理追求效率和逻辑,以自上而下的管理作为运行机制,关注的是控制而不是理解,强烈的科层制导致的是从属而不是创新。在科层制管理下容易形成管理主义意识和控制情结,因此,科层制的教学管理模式与"慕课"背景下的教学管理模式有着严重的冲突,"慕课"突破了跨国界的校际界限,对封闭式的科层教学管理提出了挑战。

(五)"慕课"对高校基于"专业"的教学管理范式提出了挑战

高校传统的教学管理范式是"专业管理",这种管理的结果就是高校的教育资源被一个个专业分割,课程资源在同一学校甚至同一学院内都不能共享。在专业管理方式下,以固定的课程组成明确口径的专业,形成一种固定的批量人才培养模式,这与计划经济体制相适应。专业管理的范式,导致各个专业的教学资源只为本专业服务,不能有效共享,学生被限制在一个固定的专业领域,转专业非常困难,不利于培养社会需要的复合型人才。在教育信息化和"慕课"的背景下,大量优质的课程资源在全球范围内共享,促进了学习方式和教学方式的改革,各个高校希望通过"慕课"平台来提高自身的影响力和知名度。基于专业的教学管理范式已不能适应"慕课"背景下的教学管理,高校需要构建适应"慕课"发展的课程管理方式,以利于复合型和多元化人才的培养。

(六)"慕课"对传统的教学模式提出了挑战

当前的教学模式反映的是工业革命时期的特点——为了提高标准化教学的效率,在生产流水线上使学生接受教育,即教师在台上讲,学生在下面听。在这种传统的课堂教学模式下,所有的学生接受同样的教育。其缺点是:学生的认识、能力、水平各有差异,有的学生学得快,有的学生学得慢,教师对一个概念解释多少遍,有的学生还是不能掌握,但有许多学生会就此感到厌烦。因此,"慕课"的到来给传统的教学模式带来了冲击,但是并不意味着"慕课"可以完全代替传统的课堂教学,"慕课"本身也有许多不足,只能作为传统课堂的补充。传统的课堂教学在创新思维、创新能力、批判思维、团队合作精神和意识、人文素养等方面具有"慕课"不可比拟的优势,因此,如何实现"慕课"与传统课堂教学的无缝对接对高校的教学管理提出了挑战。

三、"慕课"背景下高校教学管理的创新策略

(一)积极推进"慕课"本土化,将在线教育纳入高校发展战略

在教育信息化的环境下,在线教育已经成为教育国际化的重要途径。高校要从战略上重视在线教育,将其纳入学校长远发展规划之中,抓住信息技术高速发展的机遇,以"慕课"为契机,大力发展在线教育。首先,借鉴国外先进的"慕课"经验,建立自己的"慕课",推进"慕课"本土化。高校内部制定相关政策,鼓励教师进行"慕课"建设,对教师开展培训,推动在线教育平台建设,为"慕课"建设提供技术支持。在本校"慕课"建设能力不足的情况下,可以结合学校和专业实际,引进适合自己学校人才培养目标的优质"慕课"。其次,高校应积极创造条件,和其他高校联盟,合作共建"慕课"平台,共享优质高校教育资源,建立区域性的高校联盟。目前,高校区域联盟有上海交大等19所高校和一些"985"高校组建的"中国慕课联盟"等。建立高校"慕课"联盟,有利于制定统一的"慕课"标准和共享机制,有利于缩小校际教育资源的差距,有助于推进教育国际化,提高教育质量。

(二)优化师资队伍,更新教学理念,建立新型的教学团队

信息技术的高速发展给高校教师带来了严峻的挑战,同时,也带来了难得的发展机遇。高校应加强教师队伍建设,采取各种措施,更新教学理念,对于在"慕课"建设和教学改革中出现的优秀教学成果,可以在职称评审、岗位聘任时作为重要依据,引导教师将更多的精力用在教学上。高校应以教学发展为中心,对教师开展培训。一方面,聘请相关专家和技术人员就"慕课"平台的建设和使用开展专题培训;另一方面,鼓励教师走出去,观摩学习国内外优秀的"慕课",深入了解"慕课",亲自学习完成一门"慕课"课程。"慕课"的建设,需要优秀的教学团队合作共建,因此高校要加强教学团队建设,推进教师分工和多元化,将教师的个体劳动向团队协作转变。在"慕课"背景下,学生成为教学活动和课堂的中心,教师不再是单纯的知识传授者,而是个性化学习的指导者和服务者,教师要对自己的角色与职能进行调整,朝向多元化专业化方向转变。师资结构要适应"慕课"的发展,教师的个体角色要向"三位一体"的专业化团队角色转变:主讲教师负责"慕课"视频的制作设计,辅导教师负责"慕课"的课堂教学活动的答疑讨论,助理教师负责线上的辅导和对数据材料的收集整理。新型的教学团队需要分工合作、各司其职,这样既提高了教学环节的专业化程度,也不会出现因工作量繁重而手忙脚乱的局面。

（三）建立、完善"慕课"发展的规范与标准，创新教学管理制度

标准化与规范化是"慕课"在高校顺利开展的基础与保障，高校教学管理部门要组织专家，尽快制定"慕课"环境下的教学管理制度，建立和完善"慕课"课程教学标准、课程运行标准、学分认证标准、工作量计算标准、教学评价标准、网络技术标准等。在"慕课"课程建设方面，高校不仅要重视"慕课"的课程规模，更要重视其质量建设，制定严格的课程认证标准，达到标准才能上线，而对于上线的课程，要定期评估，对教学评价低、学生完成率低的课程要下线停开。制定适当的激励制度，一方面可以激励教师积极投入"慕课"建设中；另一方面，可以引导学生适应"慕课"的教学方式，调动学生学习的积极性。在学分认证和学籍管理方面，高校要创新管理制度。例如，上海市19所高校在2014年签订了"慕课"共享合作协议，高校之间互认学分，学生通过网络选课，可以拿到外校的第二专业学位证书。这种学分互认制度打破了高校之间的围墙，使得优质教育资源共享，加速了高校的学分制、学位、学籍管理制度的改革。

（四）力争多主体参与，由科层管理转向共同治理

治理强调的是多元主体的共同管理，是一种协作、互动，而不是自上而下的管。高校的教学管理不在于控制与约束师生，而是要激励与鼓舞师生。要推动"慕课"的积极开展，仅靠单一的行政力量远远不够，高校要突破封闭式的管理，让利益相关者成为教学管理的主体，力争多元主体参与，包括校长、院系领导、教师、教学管理部门、学生、家长、社区等，积极创造机会，提高教师的领导能力，充分发挥校、院两级教学指导委员会、学术委员会、教学督导委员会的教学管理与监督功能。

（五）建立"课程管理"的教学管理范式

建立新的教学管理方式，使"专业管理"向"课程管理"转变。在"课程管理"范式下，专业是课程的组织形式，教师通过组织课程来确定教学内容，学生通过选择课程来获取一定的知识能力。高校应突破传统的"专业"内涵，以劳动力市场为导向，提供与社会需求、个人需求相适应的课程，让学生根据自己的意愿选择合适的课程，确定自己的主修专业，从而完成高等教育的学习。"课程管理"的重心在课程，高校可以建设不同类型、不同层次的教学内容和课程结构。不同的课程组合实现了不同的专门化，打破了专业的固化和静止。在"慕课"背景下，高校应该充分地利用"慕课"的优势和特点，积极开发建设本土化的优质"慕课"，在本校"慕课"建设能力不足的情况下，根据学校的人才培养方案和培养目标，引进适合本校学生的优质"慕课"。

(六)试点"翻转课堂",创新混合式教学模式

"慕课"对传统的教学模式影响很大,但是并不能解决所有问题,更不能完全取代课堂教学,线上教育与线下教育相结合的混合式教学模式成为各大高校的探索方向。混合式教学模式即将传统的课堂教学的优势和数字化教学的优势结合起来,这样既能发挥教师的启发、引导教学过程的主导作用,也能体现学生作为学习主体的主动性、积极性。在混合式教学模式下,学生自己安排学习进度,自己决定学习的深度和内容,遇到疑问可以在线上向教师或者其他学习者求助,也可以线下直接向教师求助。教师从重复性的讲课中解放出来,有了更多的时间与学生沟通、交流和互动;学生从被动接受向主动学习转变;授课模式从传授式学习向探究式学习转变。

"翻转课堂"(Flipped Classroom)是混合式教学模式的主流形式,指的是把传统的教学模式"课堂教师讲课,课后学生作业"翻转为"课前学生自主学习,课堂教师答疑解惑"。具体的教学流程是学生在家里通过观看视频自主学习,查找资料完成练习,发现疑难问题;课堂上,学生提出疑难问题,教师组织交流讨论,解决问题。"翻转课堂"聚焦于每一个需要帮助的学生,让能力各异的学生变得更加优秀,使真正的差异化教学成为可能。学生在观看视频时可以随时暂停,直到学会,不用再为跟不上教学进度而焦虑。"翻转课堂"使师生之间、学生之间的交流增加了,有助于建立积极互动的学习氛围。

第七节 基于教学学术的高校教学管理创新

"教学学术"这一概念在一定程度破解了备受社会诟病的高校面临的难题,但是在我国高校,教学学术理念依然缺失,教学管理制度依然不够完善和灵活,因此,我们要树立教学学术理念,创新教学管理的体制机制,给教学应有的位置,使教学质量得到切实提高。

自20世纪90年代美国卡内基教育基金会主席厄内斯特博耶(Ernest L.Boyer)提出"教学学术"这一概念以来,在世界范围内掀起了关注教学学术、研究教学学术的热潮,在实践上一定程度地改变了部分高校忽视教学,或者不重视教学,或者科研冲击教学的做法。然而,尽管有国内学者的呼吁,也有敏锐的高校管理者的努力,但国内许多高校重科研轻教学的倾向依然非常严重。多数教师把大部分时间和精力投入科学研究中,较少考虑教学和教学学术等,偏离了大学的本真,因此,笔者从教学学术的视角对教学管理中教学学术元素的缺失进行探讨,并提出创新教学管理的建议。

一、教学学术的内涵

面对纳税人对大学的不间断的责难,美国卡内基教学促进基金会主席厄内斯特·博耶在20世纪90年代发表的《学术水平反思:教授工作的重点领域》报告中提出了"教学学术"的概念,他认为大学学术包括四个方面:探究的学术、应用的学术、综合的学术和教学的学术。教学学术是一种把知识传授给学生的学术。教学是一种学术活动和一个能动的过程,是维系教师和学生之间关系的桥梁。在一个好的教学过程中,教师既是知识传授者,也是新知识的学习者,很可能在此过程中得到创造性的发展,因此,把高校教学研究纳入学术范畴,使其成为教学学术是理所应当的。

教学学术概念的提出吸引了众多学者的目光。有的学者对教学学术做出行为描述,阐述教学学术这一行为的具体特征;有的学者对教学学术的构成进行分解,阐释教学学术的组合要素;有的学者对教学学术的概念进行整合,构建教学学术的系统模型。教学学术的概念因为争论而更加清晰,虽然各家仍有差异,但是都一致认可教学学术的共同特征:反思、交流、公开化。

高校教学的学术性是由教学的内在本质和特征决定的;同时,高校发展的规律也决定了教学在大学中必然享有学术地位。高校教学的学术性决定了教学管理必须立足于教学,从理念到制度、从领导到普通管理人员的中心应该是教学。然而,现实并非尽如人意。

二、高校教学管理中教学学术缺失的现状

(一)管理理念的缺失

理念先行带动管理的成效。高校各级各类教学管理人员所秉持的管理理念将直接影响学校发展方向和管理成效。根据相关调查显示,与国外相比,我国学者关于教学学术的理论研究仍不够成熟,主要以引介为主,致使教学管理者在实践中缺乏教学学术理论支持。不少管理者偏狭地看待学术内涵,认为只有生产知识才称得上学术研究,把学术视为发表学术论文与出版学术专著,未将传播知识的教学列入学术范围,故此,他们就不可能把教学上升到学术的层面进行探讨,而是仅仅把大学教学当作肤浅的技能;同时,数颇多高校管理者未能区分学科学术与教学学术之间的差异,从而采用相同的管理方式、方法对两种具有较大差异性的活动进行管理,不重视教学学术规律的独特性。认识的偏差使管理者在开展教学管理工作时缺乏教学学术理念的指导,热衷于教学的教师在教学上所做的努力和贡献得不到合理而公正的承认和评价,导致那些潜心钻研教学、全身心投入教学的教师缺少成就感,进而影响工作的积极性,影响高校的教学质量。

（二）缺乏质量意识

相关调查结果显示，许多高校教师缺乏教学质量意识，只以上课的课时多少来看待教学工作，较少关注教学效果，教学质量更是被忽视。高校管理人员考核教师的指标以具体可测的论文篇数、著作多少和课题级别等指标为主，至于教学，也是看课时量的多寡，对于质量缺少相应的可以测量的指标体系。长期以来，教学工作的重要性仅停留在口头上和文件中，具体落实效果不甚理想，造成教学管理人员不重视教学质量，不关注教学质量；教师不关注教学，也不研究教学，教学工作中心地位被忽视，教学工作被表面重视而实际上边缘化。

（三）评价机制缺乏灵活性

目前，我国多数高校对教学工作重要性的认识仍旧停留在文件中和口头上，对教学工作的成绩承认不足，对教学工作的考核采取分解教学工作量的方法，缺乏具体的、有效的、可操作的方法。我们通过调查发现：几乎所有高校教师的晋升都是依据科研成果。尽管每所高校都会定期考核科研成果与教学成果，但科研成果所占权重远远超过教学成果。由于科研成果的多少与质量是教师晋升的主要依据，这一规定涉及教师的切身利益，导致一部分教师重点关注各自的专业领域，产生错误的科研决定论，误认为学术上的成就可以替代教学成就，科研好教学质量就高；还导致一些教师把目光盯在出论著、发论文上，对教学投入较少。尽管部分高校出台了教学岗位职称晋升办法，但是其条件也是以可以量化的诸如教学比赛获奖等级等为主要指标，许多全身心投入教学、教学效果好的教师很少有机会获奖，如此僵化的评价机制，忽视了教学的中心地位，同时也忽视了教学的学术性。

（四）激励机制缺失

在多数高校，教师不重视教学的原因还在于学校对教师的激励机制乏力。教学中心地位的突出，需要全校上下都重视教学，日常行为围绕教学，管理人员服务教学，教师重视教学学术、关注教学问题。但是，学校缺乏对教师出色的教学艺术、教学方法和教学成效的欣赏、承认、关心和高度的评价，即对教师教学的激励不足。许多高校正在执行的教师绩效考核与教学质量关系不大，教学效果好坏对考核结果影响不大，导致教师教学学术发展缺乏外在的来自组织的动力，从而造成教学质量下滑。

（五）约束机制乏力

除了激励机制缺失之外，许多高校对于教师的教学行为约束不足是造成教学质量下滑的另一原因。约束机制是为规范组织成员行为，便于组织有序运转，充分发挥其作用而经法定程序制定和颁布执行的具有规范性要求、标准的规章制度和手段的总称。虽然各高校都有相应的教学管理约束机制，但执行起来往往不到位，显得乏力。各高校对于备课、教学纪律、教学方法、教学考核等虽都有具体要求，但是对于不认真履行职责的教师特别是科研能力强、科研成果多而不能履行教学职责的教师往往不按照制度执行，这打击了其他教师的教学积极性，一定程度上降低了整体教学质量。

三、以教学学术引导高校教学管理创新

为了促进高校教学质量的提高，回归大学本位，笔者从教学学术的视角分析了高校教学管理中存在的不足，有针对性地提出以下对策：

（一）树立教学学术的教学管理理念

教学学术不单单是一种理论，更是一种理念。为了实现教学管理工作的创新，高校内部各级教学管理人员要树立教学学术理念，用教学学术来统领教学管理工作，要充分认识教学的学术性。教学管理者要认真学习教学学术理论，充分理解教学学术的意义、内涵、作用和运行规律，将教学学术放在与知识生产的学术同等重要的位置。高校教学管理人员要关注教学学术，把对教师在教学学术方面的期望通过制度融合到他们的工作中，营造敏于观察教学现象、善于研究教学问题、勇于发表教学见解的氛围；同时，要制定教学学术制度，规范教师教学行为，激励教学成就，搭建教师教学学术发展的平台。

（二）构建教学学术主导的评价机制

教学中心地位的突出在很大程度上取决于评价机制的有效促进。在教学学术日益凸显其价值的今天，应该构建以教学学术为主导的评价机制，加大教学学术在绩效考核体系中的权重，有针对性地对教学工作做出评价。首先，要制定突出教学中心地位的评价指标体系。把教师对教学内容的选择与创新、教学方法的灵活运用、教师之间的互相交流与合作、教学反思与研究等纳入教学评价中。其次，要建立同行评价机制。同行专家在专业领域具有权威性，更能够理解教学学术的意义，掌握着本专业教学的规律和评价标准，他们的评价往往易于被其他教师接受，他们的肯定会使其他教师精神上得到满足，从而调动教学积极性，促进教学学术水平的提高。

（三）促进教学管理制度的系统化

在实际的教学管理中，制度完善和系统化是突出教学中心地位的关键，因此，高校教学管理人员应该以教学学术为主导，进一步完善教学准入制度、教学研究制度、教学交

流与表达制度、教学质量管理制度、教学改革制度、教学反思制度、教学档案管理制度、教学经费投入与使用制度等。教学准入制度的完善将改变过去高校教师资格门槛过低的情况，通过准入制度可以对教师的学历、学位做出更高的规定，也可以制定退出机制，从而保障从事教学的教师的教学水平。在教学质量管理制度方面，要构建教学信息获取机制，全方位多渠道了解教学实际，从而对教学质量做出准确的合理评价，真正保障教学质量。教学档案管理制度将成为教学评价真实可靠的依据，为教师教学学术水平的发展和提高提供参考。

凡此种种，教学管理制度的制定务必围绕教学学术来完成，每一种制度的制定和完善都要与其他制度相协调、不冲突，才能发挥管理制度的整体功能，使教师教学学术的发展得到保证。如果各种制度之间缺乏协调，各自独立或者出现矛盾，将失去教学管理制度保障教学学术正常发展运行的功能，因此，各类教学管理制度要系统化，互相组合成整体。

（四）构建教学学术主导的激励和约束机制

激励约束是主体根据组织目标、人的行为规律，通过各种方式去激发人的动力，使人有一股内在的动力和要求，迸发出积极性、主动性和创造性，同时规范人的行为，使其朝着激励主体所期望的目标前进。在多数高校的教学管理制度中，激励和约束机制行政化程度过高，激励不到位而约束失位。以教学学术为主导的激励和约束机制应该平衡激励和约束的关系，使二者相得益彰。就激励机制而言，高校应该以教学学术为中心设立奖项，激励教师探索教学、研究教学。例如，可以设置基于同行专家评价的教学成果奖、教学创新奖，并将这些奖励纳入教师晋级评价标准之中；同时，建立教师发表机制，鼓励教师公开教学成果。高校应该为教师教学学术发展搭建平台，促进教师在一定范围内公开发表教学见解、交流教学经验、彼此评价教学效果等，从而使教学的学术地位得到承认，使教师在一定范围内得到赏识，树立信心，促其教学学术水平得以提高。

然而，仅有激励还不足以充分发挥教师的教学学术水平，必须建立有效的约束机制。高校可以建立多层次的教学质量监控体系来规约部分教师的不良教学行为，使教师能够按照制度要求规范自身行为，认真履行职责，确保教学质量，改变教师"重研轻教"的倾向，但是约束机制要宽严适度，既要有规则又要具有灵活性。

激励机制和约束机制是一体两面，二者缺一不可，因此，为了充分调动教师的积极性，使其发挥教学潜能，高校既要以各种激励措施来激发教师从事教学的主动性，还要通过约束机制规范教师的不良教学行为。高校要平衡二者之间的关系，使二者相得益彰。

一言以蔽之，教学管理的创新必须由教学学术来主导，围绕着教学完善制度、建构机制、贯彻有效措施、平衡各种关系，才能真正提高教学质量，回归大学本位，办让人民满意的教育。

第八节　基于知识管理的高校教学管理创新

知识管理是伴随着知识经济应运而生的一种新型管理理论。本节笔者以知识管理与教学管理创新相结合为基本点，对知识管理与高校教学管理创新相结合的实现途径进行了阐述，旨在使高校重视和运用知识管理，推进教学管理创新步伐，增强高校自身的竞争力。

一、高校教学管理的现状、内容及价值链构成

（一）高校教学管理的现状

长期以来，高校为谋求自身发展，在教学管理方面采取了相应的改革措施，使教师在专业技能、教学质量以及学生的学习方法、成绩测定等方面有了很大的改进和提高。尽管如此，高校教学管理还存在许多不尽如人意的地方，如教师显性知识获取的积极性不高；教师缺乏学习和知识共享的气氛；教学管理环节多且管理混乱，管理效率低下；教学管理中违背教学规律等现象比较突出；学生缺乏学习知识的积极性，不但理论知识学习掌握不够，且实践能力和适应社会发展的创新能力低下，等等。

（二）高校教学管理的内容及价值链构成

高校教学管理是由两个紧密联系的价值链条构成的，一是教师管理及教学效果评价价值链，二是学生学习及创新能力培养效果评价价值链。两个价值链条相互依存、相互影响。从这两个价值链条的构成看，在整个教学管理中，不论是对教师还是对学生的管理，其内容不仅构成了一个完整的、复杂的系统工程，而且每一个方面都表现为知识的存在和知识的运用。

二、高校教学管理创新中实施知识管理的必要性

知识管理是高校教学管理创新工作自身发展的需要。高校只有通过教学管理创新，才能使知识的传授在学校与教师、教师与教师、学校与学生及教师与学生之间有机地联系起来，才能创造一种教师和学生所拥有的显性知识和隐性知识互动的机制和平台，特别是教师将创造出的新知识传授给学生，最大限度地满足社会发展的需要，这正是高校得以生存发展的根本。

科学的知识管理模式能使高校教学管理创新工作实现有效管理。高校教学为适应培养复合型人才的需要，必须引入知识管理的管理模式，采用现代技术手段和管理方法对教学过程实施有效管理。在高校教学管理中成功实施知识管理，可以充分激活人与其所拥有的知识这两大管理要素，使教师所拥有的知识得到充分运用和合理组合，而在这一过程中对人的"智力——教师"这一核心要素的挖掘最为关键。

三、知识管理与高校教学管理创新的关系分析

知识管理为高校教学管理创新提供了基本理论支持。从上述教学管理价值链构成要素看，对教学管理整个链条的战略谋划、每一个环节的组织协调、前瞻性或创新性知识的获取及传授、教师实践能力的提高及学生实践能力的培养、教学效果的评价等都需要以全面、系统、科学的理论为依据。教学管理战略是在通过知识管理对来自学校所需人才信息进行深入分析的基础上，通过对复杂多变市场环境的把握，对人才培养面临的机遇和挑战做出灵敏反应，以准确预测市场发展变化趋势，从而使教师所获取和传授的知识符合市场发展的要求。知识传授与学习过程不仅需要教师有丰富的、创新性的知识，而且需要借助现代化的硬件设备；而实践能力则是为适应市场经济的要求培养应用型人才的客观需要；评价是对教师教学质量、效果，学生学习及接受程度所进行的综合性测试和总结。

知识管理为教学管理创新提供了人才资源保障。教学管理创新是通过人来实现的，对高校来说，不论是教学管理人员还是教师，其本身就是由有知识的人组成的整体，其教学管理的关键是如何发挥人才的作用。因为"人"只是知识、智慧的载体，只有通过知识管理，才能有针对性地引进并培养高素质的教学管理人才，以强化教学管理创新的战略决策能力，并通过建立教学管理创新运作机制和完善各项管理制度，充分调动教学管理人才在教学管理方面创新的积极性，以增强高校的核心竞争力。

知识管理促进了教学管理创新中知识的共享，提升了高校核心竞争力。知识共享的程度越高，给教学带来的利益就越多。但知识还具有高度分散性和隐蔽性，对知识的共享形成了障碍，使得高校教师出于自利和竞争的需要而对知识采取垄断的态度，从而阻碍了知识的传播和扩散，导致教师不愿将自己的知识分享给同行或将自己的内隐知识传授给学生。而高校知识管理的实施，就是在知识拥有和知识应用之间架起一座桥梁，疏通知识转化渠道，不断提高知识共享程度，以加快教学管理创新步伐。

知识管理提升了教学管理创新能力。知识管理的最终目的是支持高校教学管理的创新、创意，形成新的管理创新思想和新的管理理念。通过知识管理活动，充分利用知识、

内化知识、创造知识、传授知识及运用知识,使创新思想变为现实,不但增强了高校自身的竞争力,也使高校核心竞争力的价值最终得以实现。

知识管理为教学管理创新营造文化氛围。通过知识管理,营造出高校内部教学各单位的协调统一,决策者对学生的关心支持和帮助,健全完善的规章制度的控制,鼓励教师具有进取和冒险精神,以绩效决定工资报酬和晋升报酬以及失败宽容等内容在内的文化氛围,不仅降低监督成本,而且向教师和学生提供了一种无处不在的自律监督力量,以此来加快高校教学管理创新的步伐。

教学管理创新是组织知识转化为教学管理创新思想的实践。教学管理创新思想的形成,不是凭空出现的,而是教学管理人员经过知识管理过程,将有用的信息转化为教学管理创新理念以后,进一步将该理念转化为教学管理创新的新思想,从而形成教学管理创新的前提。

随着市场经济的不断发展,高校面临的竞争日趋加剧,这种竞争实质上是人才的竞争,能否抓住高素质的人才,将直接关系到高校的成败。然而高校人才流失已经成为一种普遍现象,特别是一些规模小、历史短或处在欠发达地区的高校,这已成为制约部分高校发展的一大因素。教学管理创新实施知识管理,将有助于高校更加重视高素质创新人才机制的健全和完善,造就一支能适应市场竞争的高校人才队伍,来满足市场对人才培养和创新技术的需要。

教学管理创新过程是对知识管理方法论的运用。教学管理创新思想的形成,仅仅是知识管理开始实践的第一步,为达到预期的目标,还必须进行创新决策、创新实施等环节。因此,教学管理创新过程是知识管理形成的创新思想价值在这一环节的实现。教学管理创新一方面使技术创新思想成为一种现实,另一方面使知识管理过程中形成的系统、全面的组织专业知识在教学管理创新中得到了运用。

人才培养素质的提高是教学管理创新中知识管理的结晶。知识管理的最终目的是提高人才培养的综合素质,除人才培养本身质量外,重要的是在教学管理创新过程中知识管理实施所培养的人才在社会实践中所得到的检验。因此,人才培养的社会化过程,实际上就是知识管理理论和方法的实践的延长,这一过程不仅检验了理论的可行性,同时也体现了知识管理与教学管理创新的价值。

四、知识管理与教学管理创新相结合的实现途径

重视知识管理对教学管理创新的作用。教学管理创新是在高校内部经过整合的知识和技能,通过协调和整合教学管理人员、教师的知识和技能,使其发挥最大成效,这是高

校的生存之本。但这种协调和整合需要有高校文化的长期牵引、激励约束机制的内部动力和科学规范管理的推动,只有这三者达到最佳结合时,高校的教学管理创新才能实现,而结合的最佳手段和方法则是通过知识管理的实施。通过知识管理所建立起来的高校文化、激励约束机制及科学规范的管理制度,能将涉及影响教学管理创新的各个因素整合起来,形成整体和系统优势。

搭建知识管理平台,为教学管理创新提供基础保障。高校教学管理创新是一项长期、复杂的系统工程,因此,必须搭建知识管理平台,通过对知识的获取、分析、储存、共享、利用及评价等工作的开展,为教学管理创新提供基础保障。一是进行知识交流与共享的宣传。通过知识交流与共享的宣传,使教师逐渐自觉、主动地参与到知识的交流与共享中。二是建立知识网络和创造适宜的环境。主要是将蕴藏在教师个人头脑中的知识同市场信息结合起来,以保证教学管理创新活动的不断进行。三是建立不断进行知识创新的驱动机制。高校面对的市场竞争越来越激烈,而拥有领先一步的管理、质量就成了制胜的关键,因此,创造适宜的条件和环境,充分开发和利用高校的知识资源,进行以教学管理创新、提高教学质量、培养更加符合市场经济要求人才为目的的知识管理,是高校发展中的一项重要内容。

强化高校的战略决策能力。高校教学管理创新是依据自身的发展战略进行的,高校的战略决策能力又直接影响着教学管理创新,所以高校要利用知识管理平台,提高对高校人才培养市场信息的收集和分析能力,明确自己的战略定位,明白应该追求什么和放弃什么,并根据高校发展的不同阶段,不断适时调整战略决策,在保证战略决策能力的有效性和独特性的同时,使教学管理创新长期处在动态之中。

构建高校专业发展的核心力量。高校专业发展的核心力量有存量和流量之分。核心力量的存量是高校专业发展的储备水平,同时也是核心专业发展的基础;核心力量的流量是指专业发展的创新能力。高校应利用知识管理平台,提高高校专业发展核心力量的储备水平及专业发展创新能力,保证高校专业发展存量的增加,使高校逐渐形成专业发展的核心力量。世界许多知名高校之所以能够生命力旺盛、经久不衰,关键的一点就是其通过持续的研究、创新,不断打造专业发展的核心力量,特别是教学管理方面的创新,使其不断培养出高素质的人才,并不断地进行知识积累和创新以及管理经验的积累和创新,从而不断地加强自身发展的核心竞争力量,使其长久立于不败之地。

形成独特的高校文化。高校文化是高校的观念知识和组织知识合成的知识系统,是高校运作理念和核心价值观的体现。如同人一样,一个人最让别人折服的还是其个人魅力,高校文化是高校核心竞争力中最有魅力的部分。我国乃至世界上很多高校长期处于低水平运作的原因，首先是高校自身文化建设上的不成功或根本是失败的，从而失去了凝聚教师的力量。在许多高校热衷于复制其他高校或国外高校教学管理经验甚至进行人才挖掘时，文化就成了高校长期健康发展的动力。

知识管理为高校教学管理创新奠定了理论和方法论基础，教学管理创新为知识管理价值提供了实现过程，因此，二者处在一个统一体中，这就使高校在实施知识管理的同时，必须结合教学管理创新的实践，使知识管理的理论与方法真正达到与教学管理创新实践的紧密结合，以知识管理助推教学管理创新步伐，使高校在持续不断的教学管理创新中得到更好、更快的发展。

第六章　高校教学管理的实践应用研究

第一节　办公自动化在高校教学管理中的应用

办公自动化在高校教学管理中的应用具有重要意义,其能建立信息发布平台,实现工作流程自动化,促进信息管理自动化,主要应用体现在公文管理、公共信息、个人办公、学生管理、在线交流等方面,不仅可以规范教学管理,还能提高工作效率、降低管理成本,值得推广和应用。

随着工作节奏的加快和高校教学管理要求的提高,传统管理模式难以有效适应管理工作需要,不利于高效完成教学管理任务,而办公自动化正好适应这种需要,不仅能规范管理流程,还能节约办公成本,促进管理水平提高,及时处理繁重的管理任务,越来越受到高校重视,其应用也越来越广泛。本节笔者探讨分析办公自动化在高校教学管理的应用并提出相应对策,希望能为实际工作的顺利开展提供启示。

一、办公自动化在高校教学管理中应用的意义

计算机技术的发展和进步,推动了办公自动化进程,使其对各项管理工作的开展产生了积极作用。办公自动化在高校教学管理中的作用体现在以下方面:

建立信息发布平台。在系统内部建立信息发布和交流平台,包括高校公告新闻、规章制度、技术交流等内容,并对这些信息进行发布,方便教师和学生了解学校动态,更好地从事自己的本职工作。

实现工作流程自动化。对高校管理进行实时监测和动态跟踪,增进不同部门的协调配合,相互形成合力,促进管理效率提高。例如,公文处理和传达、工作任务上传和下达、交办工作完成等,都可以在自动化系统当中自动完成,严格遵循规范流程进行,有效指导各部门的工作,密切相互配合。

促进信息管理自动化。在传统手工模式下,文档的下发、上传、共享、使用、保存等都比较慢,而且效率低、检索困难,难以提高检测工作效率。办公自动化实现文档的电子化,

能以电子文件的形式保存和保管相关资料，促进信息资源共享。只需凭借登录账号和密码，就可以查看相关制度、工作流程等，按照要求完成自己的任务，节约时间。另外，办公自动化还能辅助办公，可用来进行会议管理、图书管理、物品管理等，推动这些项目管理水平不断提升。

二、办公自动化在高校教学管理中的应用对策

在开展教学管理的过程中，高校应该将办公自动化有效应用到实际工作中，加强每个环节的管理，以达到提高管理水平的目的。

公文管理。包括公文生成、公文流程、存档管理三个流程。公文生成后转为电子文档进行存储，方便发布、更新和查询，再给公文配备相应的编号，可大大便利信息的获取，提高管理工作效率，实现办公无纸化，降低管理成本。

公共信息。主要任务是公告、新闻、通知的发布。在办公自动化系统支持下，拟定好相关文件，根据设置的流程发布相关信息，用户登录系统之后便可获取信息，减少开会等中转环节，提高管理效率。

个人办公。该模块是基础模块，包括日常安排、日记、工作计划等功能，是高校管理中不可忽视的内容，对提高教学管理水平具有积极作用。系统录入数据之后，进行汇总和保存，方便以后查询，还能在不同部门之间进行交流，实现高校教学管理信息共享。

学生管理。根据学生管理需要，开发学生课程管理、成绩管理、出勤管理、档案管理、社会实践活动管理等模块，掌握学生在校基本情况，对学生日常学习活动、参与社会实践活动进行跟踪和评定，有利于促进学生管理水平的提高，敦促他们更好地从事学习和实践活动。

在线交流。办公自动化便利人与人之间的交流，实现用户之间良好的沟通。在系统网络寻呼支持下，不同用户、上下级之间可以有效沟通，从而节约电话费，提高沟通效率，有利于高校不同部门间的联系，激发工作人员活力，提高教学管理水平。

三、办公自动化在高校教学管理中的应用效果

规范教学管理。自动化系统的应用，大大便利了教学管理工作流程，方便了数据流的传输，增加了学校管理部门和二级学院的联系，有利于领导及时处理和应对繁忙的公务，促进管理水平提高；同时降低了差错，便于数据和信息及时传达，减少中间环节，实现有效规范教学管理的目的。

提高工作效率。自动化系统便于通信、文件下发等工作，通过信息平台发布相关信息，

便于教师和学生获取，便于会议组织、活动组织、考试组织、教学安排等各项工作，还能减少人工办公的复杂步骤，加快工作流程周转，节约时间、资源、人力，显著提高教学管理效率。

降低管理成本。实现远程办公，可节省车费和通信费，减少传真、复印、打印费用，实现无纸化办公，节约成本，降低不必要的开支，对高校教学管理的作用是十分明显的。

高校运用自动化系统，取得了良好效果，同时为教学管理提供了新思路，应该更加重视办公自动化的应用。

第二节 高校教学教务管理的信息化应用

高校教学教务管理信息化是高等教育现代化的需要，社会经济的发展以及教学改革的不断深化，对人才培养提出了更高的要求，需要积极推进教学教务管理信息化，促进高等教育的现代化发展，更好地培养新型人才。在整个高校管理信息化中，教学教务管理信息化是基础，也是核心。

教学教务管理信息化是高校教育面向现代化的重要标志，也是各高校信息化建设的头等大事。教学教务管理信息化即充分利用现代信息技术，对高校的教学管理工作进行改善，进一步规范教学教务管理工作，提高管理水平。随着高校的扩招，教学教务管理人员不断增加，传统的管理手段已经无法满足工作需求，越来越多的高校进行了教学教务管理信息化的建设，以促进高等教育不断发展。

一、高校教学教务管理信息化的必要性

高校教学教务管理信息化，符合高等教育大众化的要求。随着高校的扩招，高校管理人数不断增加，教学信息快速膨胀，并且更加复杂多样，必须通过信息化管理，解决日益增长的、复杂的数据。高校教学教务管理信息化，有利于高校管理工作的规范化和科学化，有利于提高工作效率和管理水平。当前，一些高校仍以传统经验管理教学教务工作，往往工作效率低、信息闭塞、准确性不高，并且造成重复劳动，降低了资源的利用率。依托信息技术，不仅能够实现无纸化办公，节约人力、物力资源，而且能够大幅地提高工作效率，提高信息的准确性。高校教学教务管理信息化是高校教育信息化的基础，也是实现资源共享的基础。信息是资源共享的核心，通过教学教务管理系统，教师和学生能够及时获得需要的信息，或者进行交流互动，这对促进人才的培养，对数字化校园

的建设有重要作用。

二、信息化在高校教学教务管理中的应用

依托管理信息系统开展教学教务工作。利用管理信息系统，能够将复杂的教学系统进行系统化管理，并且可以固化管理业务流程，实现多用户在线管理和无纸化办公。当前，不少高校还没有自己的教学教务管理信息系统。每个学校的教学教务管理模式、业务流程等都有差异，相关专业人员的素质也各不相同，要应用信息化进行教学教务管理，就需要学校加大投入，重视开发教学管理系统。加强对操作人员的培训，提高相关人员的计算机操作技能，避免不当操作，影响系统运行；要合理利用管理信息系统，规划业务管理流程，降低管理成本；要有无纸化办公的思想，利用系统资源实现数据共享，确保日常教学教务工作的运转。

充分利用各种形式的信息化技术辅助教学教务工作。信息化技术包含各个方面，不仅有管理信息系统，还有平面技术、网站技术、校园移动通信技术、多媒体技术等。在教学教务管理工作中，高校要充分利用这些资源，辅助教学教务工作。比如，对于新生选课，依靠工作人员解释耗时耗力，可以利用平面技术进行课程计划图解，解决相关业务问题。近年来，网站开发技术不断发展，在数据资源展示和共享中得到广泛认可，高校可以配合网站技术，促进信息的流通，提高信息的准确性。当前，移动运营商开发出校讯通技术，为教学教务管理提供了一种新方式。多媒体在教学教务管理中发挥着重要的作用，对推动教学平台建设以及教务管理有积极的意义。高校可以将多媒体技术引入教学工作中，集合众多课程的教学资源，提高整体教学管理水平。

整合资源，拓展信息化管理的合作。从整体上看，高校的信息化范围广泛，教学教务管理只是其中的一部分，教务系统和学校的财务系统、认识系统等，都是高校信息数据网络的重要组成部分。加强高校教学教务管理，充分应用信息化，还要注重各领域的业务合作，以及高校信息数据的共享。高校的人事部门管理着教师资源，并且具有专业性，因此高校在教学教务管理的信息化应用中，要拓展与人事管理部门的合作，实现数据共享，合理利用相关资源，提高管理水平。教学教务管理中的许多数据都与财务管理有关，为财务管理服务，因此，要注重与财务管理的合作，实现数据对接，利用信息化技术提高高校综合管理效益。

高校教学教务管理的信息化是一项长期的、复杂的工程，需要高校进行必要的投入，合理规划。高校要依据实际业务流程和管理情况，建立科学的信息化教学教务管理模式，充分利用各种信息技术，促进教学教务管理工作的顺利进行，优化利用各种资源，实现与相关领域的信息化合作，提高学校的整体管理水平。

第三节 高校两级教学管理模式在排课中的应用

新时代，随着我国日渐深入的高等教育改革，多校区办学和高校合并为高校发展带来巨大的发展机遇和挑战。作为一项基础性教学工作，排课管理是顺利开展高校日常教学的重要保障，因此受到高校校务管理工作者的高度重视。如何在高校两级教学管理模式下构建一种高效而又科学的排课模式，是目前亟待解决的重要课题。

在党的十九大报告中，着重强调要协同推进教育体制改革，推动教育事业的发展。在高等教育内涵式发展的背景下，高校目前的主要工作就是加快内部办学质量改革。而高校组织和实施教学的主要依据就是课表，对课表科学合理的安排和执行，是构建良好的教学秩序、保障人才培养方案顺利实施的关键环节。随着不断发展的高等教育事业，一级排课的管理方法已经无法与学校发展的需求相适应。高校教学管理改革的一种必然趋势就是构建两级教学管理体制。如何构建一种既有利于形成良好的校风、教风，又能对高校教学管理制度的精神实质进行体现，既能将教师教学的积极性调动起来，又便于操作；如何进行科学合理的排课管理，是需要教学管理人员认真探讨的问题。

一、高校实施两级教学管理模式的必要性

（一）两级教学管理是高校内部管理体制改革的一项重要内容

高校内部管理体制是一种根本性的组织制度，主要是指管理权限、机构设置和管理制度之间的关系。与教育规律相符，能促进社会经济的发展，是这种制度最大的优点；同时，还能将广大师生工作和学习的积极性充分地调动起来，使大学生生产力得到发展和解放，对人、财、物、信息等各种要素资源合理与有效地配置，进而输出最大效能。随着高等教育改革的日渐深入，人们更加关注高校内部管理体制改革问题，而广大教育工作者所面临的一项重大课题，就是如何构建两级管理模式，并在排课中具体运用。

（二）两级教学管理是适应高等教育大众化要求的必然趋势

我国高等教育的大众化不仅扩大了学生的规模，同时也急剧增加了教学管理的工作量。传统的管理体制主要是以校级职能部门为主，已经不能满足目前的管理需求。若是校级职能部门一直被各项烦琐事务缠身，则没有更多的时间和精力去思索学校发展和建设问题，因此，下放权力，使管理重心下移，是管理体制改革的关键，这就要求学校由集中管理模式转变为两级管理模式。

（三）两级教学管理是基于高校教育理念的转变

在市场经济的大环境下，高校管理者应积极转变教育理念，从强制式管理转变为主动提供服务。作为教学科研的实体，学院拥有较多的渠道与社会接触。为了将基础性教学管理工作做好，在社会服务、科学研究和人才培养上，学院必须具有较强的自主性，才能培养出更多"精英人才"，满足社会化需求，而高校培养具有更多创新精神人才的合理途径，就是不断创新教学管理体制，同时对校院两级教学管理模式进行完善。

二、高校两级教学排课的基本原则

排课是对课程的合理安排，具体指在有限的资源下，利用系统操作，对教师、学生、教室等之间的关系进行协调。目前，高校排课中常见的冲突包括教师冲突、教室冲突、班级冲突。系统智能排课为了更加合理化和人性化，需要有效避免以上冲突的发生，对课程分布情况进行宏观分析，合理优化组合班级、教师、教室、课程、时间之间的关系。为此，高校两级排课需要遵循以下基本原则：

（一）教学规律原则

高校在编排课表的过程中，需要充分考虑学生的接受能力和身心健康，遵循教育教学规律和学生学习程度高低不一的特征，合理设置课表，保障课表编排的科学性。

（二）教学资源利用原则

高校排课管理时应将教室人数控制在20人或者20人以下，使教学班人数基本符合教室座位人数，保障在相同学习期内，相应教学班组具有相对固定不变的专业课程教学场地，以此为教学课程开展效率提供保障。

（三）专业归属原则

高校在开展两级教学排课的过程中，需要对特定的专业负责人员进行配置；在开展相关专业的教学时，也要选择具有丰富教学经验和较高学术水平的教师或者教授，同时实施专业归口管理，为本科教学质量提供保障。

三、高校两级教学管理的排课策略

（一）制订科学的开课计划

为了进一步深化改革，高校制订开课计划时应结合最新人才培养方案，以特色发展和内涵发展为着眼点，实现高校人才培养与行业发展的无缝对接。高校应将学生的个性发展和全面发展作为人才培养定位,结合整体知识结构,对新型课程教育体系进行创新和发展,以此对高校人才培养质量提供全面的保障。在实施两级教学管理体制后,人才培养方案主要是以各个专业自主完成的模式开展。由于受制于高校教学人员经验、师资等各个方面的因素,在大多数课程教学过程中,专门的教学人员很少,一些课程因为缺乏专业的教师而不能开课。课程设置不合理,使高校全部专业课程不能在规定的时间内完成。同时因为人才培养方案变动频繁,直接影响到高校排课工作。为了顺利开展课程教学,为高校排课效率提供保障,高校排课人员应结合学生学习情况、人员教学方案和师资储备情况,立足于最新的人才培养方案,预先制订前期开课计划,真正体现人才培养的质量和水平。

(二)根据开课计划排课

校级排课人员在制订完开课计划之后,需要在相应的院校发放排课文件,以更好地指导下一学期排课任务。首先,在具体排课过程中,由教务处依据相应的顺序安排整个院校的上课地点。在将具体排课流程确定完之后,学院级排课人员将本学院年级专业信息和下一学期教学计划相结合,启动教务管理系统"教学计划及排课管理"模块,录入全年级专业课程信息情况。其次,课程编排的主要方式为两节联排,或者是单、双周交错教学的方式,避免三节或者四节联排而直接影响到教学效果,同时,与不同层次、不同性质专业的教学课程相结合,优先设置理论基础课程,然后再安排实验理工课程,并对二者的时间间隔情况进行控制,避免同一性质的课程在同一天或者连续几天开设,直接影响到教学质量。最后,教学人员应在教务管理系统"教学计划及排课管理"模块,对本专业学院拟开课程教学人员进行详细记录,具体包括课程起止时间和上课人数。

(三)协调排课次序

在高校两级管理模式下,需要由校本部充分发挥主导作用,集中负责全部排课工作,合理安排排课时间和制订排课计划。在课表核对环节,为了对整体课表的规范性和完整性提供保障,校本部在初步制定课表后,首先要与相应课程教学人员进行沟通,公开展示课表。为了确保其他课程与课表后期运行不出现冲突,相应课程教学人员也可自主登录教务系统,准确核对课程安排情况。在一定时间内,若是有恰当合理的理由需要安排和调整课程,则由校本部根据实际情况适当调整课表。

在高校两级管理模式下,通过实施集中管理,能使教学资源利用率有效提高。所以,高校相关部门需要与高校两级管理排课要求相结合,根据课程教学规律,遵循专业归属原则,合理利用教学资源,优化设置课程开展的时间和位置等信息,使课程教学效果达到最佳，为形成良好的校风、教风提供保障。

第四节　人文关怀在高校教学管理中的有效应用

各大高校非常重视教学管理工作，并不断探索和研究教学管理新理念、新方法。高校教学管理的对象是人，人不仅是教学管理的目标，而且是教学管理的动力，因此，在高校教学管理工作当中，要适当融入人文关怀理念和方法，尽可能满足人的更高层次、更多元化的需求。本节笔者将研究和探析人文关怀在高校教学管理中的有效应用，旨在营造和谐、融洽的高校教学管理氛围。

人文关怀理念注重对人的关心、支持、尊重和激发，目的是实现人的全面发展。高校教学管理中融入人文关怀，可以在一定程度上体现人性化管理与服务，激发学生参与学习的热情，充分发挥学生的主观能动性，为增强学生能力、提高学生专业素养、促使学生全面发展奠定基础。研究表明，人文关怀在高校教学管理中的有效应用，有利于高校教学管理整体质量和水平的显著提高。

一、高校教学管理中的人文关怀基本内涵

社会是由人组成的，人需要接受社会规则的约束。教师、学生是高校教学管理的基本组成元素，也是高校教学管理的目标对象。高校教学管理工作的有序开展离不开行政管理人员的参与，倘若能够融入人文关怀理念和方法，那么高校教学管理工作可以达到事半功倍的效果。

所谓高校教学管理中的人文关怀，指的是在教育教学等管理活动过程中，教学管理人员要尊重教师与学生，崇尚个性解放和自由平等。人文关怀起源于西方的人文主义，目标是对人价值作用的肯定与认可。人文关怀理念在高校教学管理中的有效应用，要求教师像对待亲人一样对待学生，展现善良的人性，体现人文关怀，打破传统僵硬、死板的教育模式，因此，人文关怀在高校教学管理中的应用具有一定的现实意义。

二、人文关怀在高校教学管理中的有效应用

将人文关怀应用到课程设置中。对于高校来讲，课程设置是其教育教学工作的重点，同时也是教学管理中人文关怀应用的基本途径，在具体的应用过程中，需要对传统课程结构体系进行改进和优化，科学设置课程大纲及内容，切忌为了追求教学进度而忽视课

程内容的综合、全面设置；同时，课程设置要确保理论、实践比例均衡，使学生更易理解和掌握，并学习到系统、全面的知识。另外，课程设置要坚持以学生需求为导向，尽可能满足学生学习需求，适当设置选修课程，让学生根据自己的能力、爱好去自由选择课程，不仅有利于学生学习兴趣的提高，而且能够体现出人文关怀精神。

将人文关怀贯穿到教学方法中。高校教学管理应坚持"以人为本"的教学理念，采取以学生为主体的教学方法，所有的教学方法均需围绕学生实际需求来建立。长期以来，我国高校教学过程中所采取的教学方法过于陈旧——填鸭式的教学方式仅进行书本知识的简单阐述，将学生的考试成绩作为唯一的评价标准，这样的教学方式对学生思想形成一定禁锢。人文关怀在高校教学方式中的贯穿主要体现在两个方面：一是人文关怀理念和方法的融入，在一定程度上起到激发学生兴趣、增强学生积极主动性的作用，学生只有精神层面得到满足，那么其学习过程无须监督，学生在学习中的主体地位会完全体现出来，并且会在知识学习和理解过程中发挥主观能动性。通常而言，高校教学的重点不在于课本知识的单纯讲解，而在于学生思考、探索方式方法的培养，教师无法在有限的课堂教学中讲解完课本的所有内容，绝大多数课程内容需要学生自学，教师只要将自己理解最深刻、思考最成熟的知识讲解给学生，让学生从中掌握学习知识的要领，那么便是人文关怀的贯穿。二是高校教学管理现代化的目标要求之一就是创新教学理念和改进教学方法，建立双向互动的教学模式，让学生成为学习的真正主人，充分发挥其自学能力，经常性开展合作、参与学习活动，全面提升学生的自我研究和探索能力、创造学习能力和团队协作能力。另外，人文关怀在高校教学方法中的贯穿要体现出公平、民主、友好、和谐、平等的特点，教师要用心对待每一名学生，将学生视为自己的亲人，在相互交流和沟通中产生情感共鸣，建立和谐、融洽的师生关系，在默契配合中相互信赖与支持，确保教学任务圆满完成。

营造良好的人文关怀环境。对于高校教学管理而言，人文关怀在课程设置、教学方法等过程中的有效进入和应用固然重要，但是与目标需求和实际对比依然存在较大差距，还需要营造良好的人文关怀环境。环境对于教书育人的重要性不言而喻，特别是人文环境的营造，对提高教师综合素养和学生能力水平具有十分重要的现实意义。可以说，环境造就了一方水土，环境也改变了一方传统模式。著名学者朱小曼通过研究指出："人文教育的内容不仅是知识，优秀的人才就是一本书，其经历就是书中的内容，在与人交流对话过程中，潜移默化地散发出所具备的知识气息。"对于高校教师来讲，一方面要在教育教学过程中融入人文关怀，在课堂上营造良好的人文关怀，体现出严谨的治学态度和崇高的理想品质，用良好的师德师风鼓舞和激励每一名学生，带领学生徜徉在知识的海洋中；另一方面要通过开展课外实践活动，营造良好的人文关怀实践氛围，让每一位教师、每一名学生都怀有一颗开放、包容和关怀之心，在平等、自由的环境中相互学习、共同进步。另外，在校园文化中融入人文关怀，将人文关怀理念和精神融入整齐划一、清洁幽雅、安静整洁的校园文化当中，让学生从中感受国家文化、民俗风情，从而更加热爱自然、向往美好。可以说，营造良好的人文关怀环境，不仅有利于人文关怀在高校教学管理中应用水平的提高，也有利于高校校园文化内容的丰富化和多元化。

将人文关怀应用到心理过程。心理课程是高校教育教学的核心课程之一，高校十分注重对学生的心理辅导，倘若将人文关怀应用到心理教学方面，会对学生的心理产生影响，体现出特别的人文关怀情感。随着社会的快速发展，新时期学生的心理或多或少会受到社会不良思潮的影响，高校学生普遍存在孤独、失落感，不仅影响到学生的学习成绩，而且影响到学生的身心健康发展，因此，高校必须从人文关怀的角度去关心学生、爱护学生，帮助学生走出心理障碍区。同时，在高校教学管理过程中，教师要结合学生的心理状态，在思想交流和心理辅导过程中应用人文关怀，让学生从心理上完全接受教师，并感受到教师给予的温暖和关怀，全身心投入到学习当中，更好地报答教师、学校和社会。

综上所述，人文关怀应用到高校教学管理的方方面面，不仅有利于高校教育教学质量的提高，而且有利于良好教学管理秩序的维护和氛围的营造。高校教师只有正确应用人文关怀，才可以发挥其在教学管理中的价值和作用，体现出"以人为本"的人文关怀特征，最终实现高校教学管理向科学化、现代化和多元化方向发展。

第五节　高校教学管理中激励理论的应用

本节笔者研究的是激励理论在高校教学管理工作中的应用问题，首先简要阐述了激励理论的概念与内涵，然后在此基础之上，进一步分析了激励理论在我国高校教学管理工作中的应用现状，并从应用适应性、应用方法和手段以及应用环境等三个方面入手提出有助于激励理论在高校教学管理工作中有效应用的对策与建议，以期能够为高校教学管理工作的开展提供一定的参考。

教学管理工作是高校教育教学工作中不可或缺的重要环节。教学管理工作的质量和效率不但会对高校教育教学活动的成效产生直接影响，还会进一步影响高校人才培养工作的质量。近年来，随着激励理论的不断发展和完善，各大高校开始重视激励理论与教学管理工作之间的结合，并致力于推动激励理论在教学管理工作中的科学化应用。

一、激励理论的概念与内涵

简单而言，激励理论实际上指的就是关于如何有效寻求人的真正需求点，并使之成为推动人行为的内外部支持力量的理论。激励理论被提出之后，在企业管理，尤其是企业的员工管理领域发挥了重要的作用，一系列的应用实践证明，激励理论在企业管理中的应用不但有助于激发企业员工的潜能、提高员工的工作积极性，还能够有效地提高整个企业的生产经营效率。目前，学术界研究的激励理论主要可以分为内容型激励理论、过程型激励理论和综合型激励理论三种。内容型激励理论的研究侧重点在于激发人行为的诱因和作用；过程型激励理论的研究侧重点在于分析对人的行为发挥重要影响的关键因素，也就是激励的具体过程；综合型激励理论则是内容型激励理论和过程型激励理论的综合，是美国行为科学家爱德华·劳勒和莱曼·波特提出的，并构建了关于综合型激励理论的模型。

二、激励理论在高校教学管理工作中的应用现状

激励理论最早是应用于企业管理领域的，随着其在企业管理领域应用成果的显现和自身的不断发展，国内很多高校开始逐步探索和尝试将激励理论应用于教学管理工作之中，以尽可能地提高高校任课教师的工作积极性、工作满意度和教育教学活动的质量。也正因为此，目前激励理论在国内高校教学管理工作中的应用已经逐步具备了一定的规模，并且在提高教学管理团队质量和教育教学活动质量等方面也取得了一定的成果。但是，由于现阶段激励理论在国内高校教学管理工作中的应用仍然处于摸索探索的初级阶段，所以仍然存在诸多的问题。

首先是应用适应性方面的问题。由于激励理论最早是针对企业管理提出的，所以，其对象多是一般的企业，但是高校不同于企业，现阶段我国的高校多数都属于事业单位，不但校内各部门之间竞争的激烈程度和个人之间竞争的激烈程度相较于企业而言要低得多，而且高校教师群体与企业员工群体也具有不同的特点。在这样的背景下，如果高校在教学管理工作中应用激励理论时，只是简单照搬如今企业中应用的激励理念和激励机制，必然会出现激励理论在高校教学管理工作中应用适应性的问题，使激励理论的应用因为无法适应高校的特点和高校任课教师群体的特点，而影响其质量和成效。

其次是应用方式和应用手段方面的问题。应用方式和应用手段是影响激励理论应用成效的关键。然而，综观现阶段激励理论在我国高校教学管理工作中的应用情况可以发现，由于国内关于激励理论在高校教学管理工作中的应用实践和应用研究的起步时间比较晚，而且缺乏足够的理论支持，很多将激励理论应用于教学管理工作的高校均存在应用方式

和应用手段过于单一的问题,忽略了高校任课教师在个人特点、个人需求、个人关注点等方面的多样化特征,因此影响了激励理论在高校教学管理工作中最终的应用成效。

最后是应用环境方面的问题。现阶段,虽然激励理论在国内高校教学管理工作中的应用已经逐渐具备了一定的规模,但是并没有得到足够的重视与关注,以至于在激励理论的应用环境方面仍然有待进一步提升。之所以会出现这种情况,主要是因为现阶段我国大多数高校重视、追求和关注的都是高质量的教学水平,且将关注点放在最终的结果上,却忽略了拥有高质量教学水平的基本前提是要充分激发学校教职工的工作积极性和工作热情,并没有将激励理论真正重视起来,为激励理论在教学管理工作中的应用创造良好的应用环境。

三、激励理论在高校教学管理工作中有效应用的对策与建议

首先,针对应用适应性方面的问题,要确保激励理论在高校教学管理工作中切实发挥自身的激励价值和积极作用,在将激励理论应用于高校教学管理工作实践之前,最为关键的一点就是要注意针对高校任课教师群体的特点和需求进行深入的调查与研究,并在此基础上对当前学术研究领域的激励理论和一般企业所采用的激励理论进行适当的修正和完善,使之更加符合高校教师群体的特点,更契合高校教师群体的实际需求。例如,多数高校任课教师都希望得到尊重,且非常重视工作中的职业荣誉感。根据高校任课教师群体的这一特点,在高校教学管理工作中应用激励理论时,就要注意不能简单地采用学生的分数和名次等来衡量和评价教师工作的优劣或是片面地将学生的成绩和分数作为教师晋级的依据,而要从教师工作的多个方面进行多层面的考量,通过制定完善的考评制度体系尽可能地体现对教师的尊重,提高激励机制的科学性和合理性,切忌当面指责和讽刺挖苦。

其次,针对应用方法和应用手段方面的问题,为了改善现阶段激励理论在高校教学管理工作中应用方法和应用手段过于单一的问题,一方面应注意对不同类型的激励理论进行深入的研究,在总结归纳各种不同类型激励理论各自优缺点的基础上,逐步实现各种不同类型的激励理论在高校教学管理工作中的灵活化、综合化运用;另一方面要注意通过多种不同的辅助手段和辅助措施促进激励理论在高校教学管理工作中应用方法和应用手段的丰富化。例如,在对高校教师群体进行激励时,既要注意采用多样化的物质激励措施,也要注意采用多样化的精神激励措施。只有从物质和精神两方面同时入手,科学地对物质激励和精神激励进行权衡和安排,才能够实现最佳的激励效果。

最后,针对应用环境方面的问题,由于理论在实践中的贯彻落实必须要有一定的环

境作为保障,所以,一定要注意营造良好的环境,以促进激励理论在高校教学管理工作中的有效应用。在为激励理论的应用营造良好环境时,可从如下三个方面入手:一是要从根本上将激励理论在高校教学管理工作中的应用重视起来,给予其应有的重视与关注;二是要注意因地制宜、因校制宜地采用合适的激励策略,制定科学的激励制度体系,为激励理论的应用创造良好的制度环境;三是要注意在校内营造适合激励理论的人文环境,通过人文环境的营造提高高校教职工,尤其是管理者对激励理论的心理认同感。

第六节　OA 系统在高校教学管理中的应用

OA 系统属于一种综合技术,是基于科学技术下打造的办公系统,可以减少手工差错,提高管理水平和管理效率;对教学进行管理的时候采用网络化、信息化,可以深化高校的管理模式。高校教学管理人员需要加强学习,不断提升自身素质,熟练掌握办公系统,更好地给教学提供服务,让教学管理向信息化方向发展。

一、OA 系统在高校教学管理中应用的必要性

高校教学实施的管理工作集合教学多方面的综合信息,对这些资源实施有效的管理和控制,使其能够准确地分析教学的具体状态,针对教学的具体情况制定合理的管理决策,维持教学工作顺利开展。只有做好教学管理,才能进一步对教学展开研究和管理,使得教学管理质量不断提升。高校的教学工作中需要处理的教学信息不断增多,以往的管理方式已经满足不了这种复杂的教学管理。对管理模式进行有效改革,就需要不断采用新型的技术,OA 系统的采用可以引领高校的管理工作进一步向现代化方向发展。以往的管理模式往往比较局限,对人们的创造力以及想象力具有一定的限制,完全将人的智慧埋没,会让人们耗费大量的精力对复杂的工作进行处理。应用先进的工具,代替手工已经是发展的必然需求,利用 OA 系统来实施高校的教学管理能够适应人们普遍的需求,可以让教学管理不断向现代化迈进。

二、OA 系统对高校管理人员的素质要求

高校教学管理中 OA 系统无处不在,贯穿整个网络办公环境。OA 系统在不断的应用和推广中,对高校管理人员的素养也有较高的要求。

加强办公自动化管理的学习。当今时代是信息化时代,掌握现代化办公手段已经是大势所趋,是每个教学管理人员必修的一门课程。办公现代化将深度改变教学的管理模式,

学校管理人员的管理方式也会发生改变。OA 系统在高校教学管理中的应用推动了高校向现代化的领域发展，给教学管理提供了极大的便利，使教学管理从烦琐的工作中解放出来，让工作的质量迅速提升，让教学管理更加规范化和科学化。高校教学管理人员，一定要高度认识加强学习办公自动化管理的重要性，除了掌握基础的办公软件之外，还需要掌握比较复杂的系统处理，实现信息的快速传递和交换。

不断提升教学管理人员的自身素质。管理人员需要不断提升计算机操作功能，积极地参加各种业务培训，有计划地学习办公自动化方面的知识，并在具体的教学管理中不断探索和摸索，掌握各种办公自动化方面的技能，只有自身具有较强的自动化办公能力，才能对 OA 系统运用自如。

三、OA 系统在高校行政管理中的应用

OA 系统的核心是办公信息处理技术，主要是采用多种软件的功能对办公信息实施处理，实现管理工作的智能化。办公的工具一律采用电子化，办公中的活动一律采用数字化。OA 系统可以让高校管理人员迅速掌握大量的教学信息，可以让决策人员的决策更加准确，能够给信息提供十分有力的保障。

内部搭建信息网。对办公平台进行协同，及时地对信息进行发布，提供信息交流的场所，使组织内部的信息交流十分通畅；给每个部门不同的人员设置不同的权限，以利用网络获取和工作相关的信息，使得信息可以自动化传输，对信息进行获取的时候具有一定的便捷性；实现跨平台的信息集成，对其他的应用系统进行集成，利用程序进行定制，对现有的业务信息系统进行访问，对工作的环节有效进行缩减，让办公效率不断提升。高校各个部门都存在一些流程化的工作，利用 OA 系统可以让工作流程实现自动化，方便对文档进行查询、对流转的过程实时进行监控、对不同岗位之间的协同全面改进，提高工作效率。

高校教学管理中应用 OA 系统是必然趋势，利用 OA 系统进行管理可以使工作效率不断提升，让高校的教学管理更加规范化，向着现代化的目标发展。因此，高校中的管理人员一定要全面提高自身素质，熟练掌握办公软件的各种管理技能，不断提升工作效率和工作质量，推动教学管理向现代化的方向发展。

第七节　高校教学管理中计算机技术的应用

在计算机技术不断提升的今天，计算机技术被应用到高校教学、学生管理的各个方面，促进高校教学管理向智能化管理的方向发展，为高校教学管理提供了很大的便利，促进了高校教学管理质量和效果的提高。在高校教学管理中应用计算机技术，可以为教学管理提供更大的网络保障，让高校教学管理变得更加高效，以满足社会发展对高校教学管理的要求。

一、高校教学管理中计算机技术的应用价值

第一，应用计算机技术，能够促进高校教学管理中的课程安排、图书馆等系统数据之间的融合，及时了解课程安排和图书馆之间存在的信息问题，更好地解决问题，提升信息与信息之间的交流性，促进高校智能化教学管理效率的提高。

第二，应用计算机技术，能够构建信息交换与互通的平台，将高校中与学生和教育教学有关的信息与资源分享到平台中，教师和学生便可通过教学平台来获取开放性的学习资源和学习内容，有利于改变高校教学管理单一落后的管理方式，使高校教学管理向多元化的方向发展。在应用计算机技术的过程中，高校教学管理也可以通过计算机技术来了解和整合社会发展的最新信息和教学要求，进而制订具有针对性的教学计划，实现高校教学管理信息与外部信息之间的互通。除此之外，高校教学管理中也可以利用计算机技术，收集和整理学生和教师以及课程教学的各类信息，并对相应的教学管理数据进行全面分析和统计，指出教师教学和学生学习中存在的问题，进一步构建符合教务管理需求的教学系统总体框架，从而更具有实效性地对教学工作和学生工作进行管理，让教学管理工作更加透明，提高高校教学管理质量。

第三，应用计算机技术，高校师生和员工可以获取学习资源和最新的网络信息。为更好地满足师生和员工在生活、工作以及学习方面的需求，高校教学管理可以使用计算机技术将最新的教学目标和管理目标，通过计算机技术构建的网络平台分享给广大师生和员工，有利于减少高校课程安排、人员管理以及教学考评工作方面的工作量，可以利用信息技术对课程安排、人员管理以及教学考评工作进行全面计算和分析。高校应用计算机技术在提升管理效率的同时也可以降低相关的运算时间，让高校教务管理、人员管理变得更加灵活，为促进高校智能化发展奠定良好的基础。

二、高校教学管理中计算机技术的应用现状

管理理念有待提升。在应试教育理念的长期影响下，很多高校和教育机构的教学管理仍普遍采用传统的管理方式对学校一切事务进行管理，因此，在教学管理中，应用计算机技术时，普遍存在应用计算机技术的管理观念有待提升的情况。虽然很多高校都对使用计算机技术产生兴趣和积极性，但在具体应用的过程中依然采用和持有传统观念，缺乏对计算机技术的创新以及网络平台的构建，对现代计算机技术接受和运用能力还有待提升。在具体的教学管理过程中表现为：对计算机技术的使用过于表面化，未深入研究计算机技术在高校教学管理中的应用价值；缺乏对高校计算机以及信息化建设的有效支持，造成高校教学管理在应用计算机技术时很难满足具体工作需要，导致高校教学管理中计算机技术的应用较为滞后，不利于提高高校教学管理工作的质量和效率。此外，管理理念有待提升还表现在高校使用和应用计算机技术时，未有效结合高校自身发展过程中的办学特点和教学管理特点，存在照搬照抄"先进"管理模式的现象。这种情况不利于促进高校教学管理和基础服务水平的提升，同时也很难更好地发挥出计算机技术应用到教学管理中的优势和作用。

缺乏必要的管理人才。在新时代背景下，很多高校的教学管理逐渐向时代性和前瞻性的管理方向发展，其目的是促进自身教学管理水平的提升。高校在应用计算机技术对教学进行管理时，存在缺乏必要管理人才的现象。由于高校管理人员在年龄层次方面存在较大的差异，不同管理人员有不同的管理方式和方法，因此，在应用计算机技术的过程中，年龄较大的高校管理人员受新技术接受和运用能力有限的因素影响，在具体工作时缺少相应的计算机知识和专业技术，造成高校教学管理中应用计算机技术的效率很难提升到理想的目标。

与此同时，部分高校还缺乏对计算机技术专业人才的培养和培训，未向高校教学管理工作者传授更多计算机智能运用的经验和管理方式，在引进相关人才方面，还缺乏一定的积极性和主动意识。在缺少必要管理人才的情况下，即使高校教学管理工作者有很强的传统管理经验和方法，由于缺少相应的计算机技术和智能化管理经验，也会造成高校教学管理质量和效率的降低。

忽视网络安全问题。当前，高校教学管理在应用计算机技术时存在忽视网络安全问题的现象，其主要原因是高校教学管理工作者管理意识不足，对网络安全问题缺乏重视，在应用计算机技术的过程中，未建立健全完善的信息化管理体系，未投入必要的计算机硬件和技术，从而使计算机技术管理过程存在漏洞和不足，进一步导致信息泄露和文件损毁等问题的发生。另外，应用计算机技术需要加强对内部和外部网络安全系统的监测

与管理，但很多高校这方面管理方式的缺失，最终导致高校教学智能化管理的安全受到威胁，降低了应用计算机技术管理教学的效率和质量。

三、高校教学管理中计算机技术的应用路径

改变传统教学管理理念。为更好地促进高校教学管理效率的提高，需要在应用计算机技术时对传统教学管理理念进行创新和转变，明确应用计算机技术的价值和意义，提升对计算机网络技术使用的重视，以此来打破传统教学管理的模式。一方面，在改变传统教学管理理念时，可以加强对计算机技术应用方式方法的学习，积极对计算机技术应用到高校教学管理中的作用和价值进行宣传教育，不断提高高校师生对计算机技术应用到教学管理中的正确认识，充分将高校教学管理与计算机技术的应用相结合。另一方面，在应用计算机技术的过程中，可以采用开展信息化管理讲座活动的方式，为高校教学管理工作者和师生渗透更多的计算机技术应用经验和技巧，不断丰富高校教学管理工作者应用计算机技术的知识面，提升高校教学管理工作者的计算机能力和信息化素养。例如，在高校教学管理中应用计算机技术时，可以结合计算机技术中的虚拟操作系统，实现对多课程环境的支持与管理。例如，虚拟操作系统中的 Redhat Linux 虚拟系统，它可以将多元的教学管理内容系统部署在不同的虚拟机上加以启动，有效实现高校教学管理通过虚拟的网络环境进行网络管理和网络实验。在高校教学管理系统中，也可以应用 MIS 技术，对大量的数据输入、输出及加工进行系统处理。例如，通过 MIS 技术对高校教学管理中的学生信息和学生成绩进行分布、计算，提高计算机技术应用到教学管理中的质量，对教师教学效果的趋势进行分析。

提高管理人员的信息化水平。要做好高校教学管理工作，就需要提高管理人员的信息化水平，让高校教学管理工作者应用计算机技术时具有一定的专业能力和综合素养，更好地满足信息化时代背景下高校教学管理应用计算机技术的需求。首先，高校要加强对教学管理工作者计算机技术和信息化管理水平的培养与训练，不断完善教学管理工作者的计算机专业知识和计算机应用技能，让高校教学管理工作者更好地胜任应用计算机技术来进行教学管理的工作。其次，为更好地实现高校教学管理的信息化管理，需要在提高管理人员信息化水平的同时，加强对相关管理人员信息处理能力的提升，进而让高校教学管理工作者通过计算机技术更好地处理复杂和信息量较大的教学管理工作，整理好高校教学管理在课程安排、学生管理以及教务人员管理方面的相关数据。最后，在提高管理人员信息化水平的过程中，学校还要积极构建以信息技术为基础的师生互动教学平台。例如，在教学平台中可以设置网络辅助学习知识模块，充分将教学管理中的相关课

程知识融入网络学习模块中，发挥计算机技术在网络平台中线上提问、线上测试和讨论学习的功能，更好地实现管理人员通过信息化管理方式与学生和教师进行资源共享与互动。

构建完善的信息数据库。在信息化发展过程中，虽然计算机技术为生活和管理及工作带来了便利，但是也存在相应的网络安全问题和弊端。在高校教学管理中使用计算机技术时，最需要关心的一点就是网络安全问题，如果缺乏对网络安全问题的重视，势必会造成信息泄露及信息损毁等问题的发生，不利于全面实现高校智能化管理目标，因此，高校需要在应用计算机技术进行教学管理工作时构建完善的信息数据库，让高校教务管理中的信息数据库更加开放，更好地实现高校教学管理工作中各信息之间的在线共享和相互统一，同时也有利于促进高校教学管理各部门之间的工作沟通，让计算机技术应用到高校教学管理中的优势发挥出来。例如，在应用计算机技术进行教学管理时，高校可以采用 HTTPS、POS 或加密 VPN 等方式，对教学管理系统和相关信息数据库增加相应的访问限制管理程序，对相关信息数据库和管理软件进行管理程序的权限设置，同时还要对身份验证和登录的次数与时长进行限制，从而有效地避免 IP 地址遭受攻击，防止高校教学管理中相关数据信息泄露。

总之，高校教学管理在应用计算机技术时，存在很多不足和弊端，为更好地促进高校教学管理的信息化发展，需要结合计算机技术的优势，加强对教学观念和教学管理理念的转变，提高对网络安全和数据安全的重视，更好地满足教学管理工作需求。

第八节　社交软件在高校教育教学管理中的应用

社交软件具有直观形象、资源丰富、便于操作、节省时间的特点，目前已经在高校的教育教学管理中进行了广泛的应用和普及，但是在利用社交软件进行教学管理的过程中也暴露出一些新情况、新问题，高校要通过科学引导、强调纪律、经常维护管理、搭建积极平台等措施不断强化社交软件在教育教学管理中的应用。

随着市场经济的迅速发展和网络技术的日益普及，高校教育教学管理中对社交软件的利用越来越普及，甚至成为不可或缺的教学工具。在充分享受社交软件便捷服务的同时，如何克服社交软件管理中的漏洞，充分利用好社交软件，结合传统教学手段，不断提高教学效率，进而培养出高素质、能适应社会需求的综合能力突出的大学人才，是学校和教师必须面对的课题和义不容辞的责任。

一、社交软件在高校教育教学管理中的应用现状

目前在高校中应用最广泛的社交软件是微信、QQ 和微博，有的学校还开发了本校的校园网 APP 软件。这些社交软件的主要应用方式和环节是：在课下学习交流活动中，一些教师通过建立微信群、QQ 群等方式，把教学的相关学习内容和资料分享到群里，让学生在茶余饭后利用碎片时间，根据个人学习进展情况进行浏览复习，不断提高时间利用效率；有的教师和管理员通过在 QQ 或微信里建立班级群，及时传达学校最新通知和有关要求，并安排布置教学作业，督促辅导学生消化所学知识；有的教师和管理员通过学校建立的 APP 平台，把最新发生的、具有典型意义的教学案例和安全注意事项推送到平台上，组织学生讨论交流，让其获知最新消息和前沿知识，对日常安全提高重视和警惕。少数院校利用 APP 平台开展教学评价活动，学校教务部门利用手机 APP 实时组织评价，学生通过手机 APP 实时、动态地反馈学习听课意见和所需所求，不仅减少了中间工作人员的统计环节，也让广大师生摆脱了纸质评价模板的束缚。

二、社交软件在高校教育教学管理应用中存在的问题

（一）部分教师过度依赖社交软件进行教育教学管理

越来越多的教师和管理员体验到了利用社交软件进行教育和教学管理的便利之处，于是产生了过度依赖的倾向。有些教学活动本该由教师和学生在教室内面对面地开展，但是一些教师图省事就把相关教学任务发到群里，组织学生讨论、提意见，失去了面对面交流的氛围和情境。还有一些辅导员把谈心谈话和经常性促膝谈话，变成了利用 QQ 和微信文字或者语音聊天，使思想政治工作的实效性大打折扣。

（二）部分教师的信息知识结构不尽完备

一些年龄较大的教师尽管经过了个人努力的学习，但由于对信息化教学辅助工具不够熟悉，思想观念相对比较传统，习惯于传统的粉笔、黑板教学道具，所以在利用社交软件等信息知识结构方面还不是十分熟练，还有一定的抵触情绪。

（三）社交软件的管理维护不理想

QQ、微信等社交软件在教学管理应用的初期，学生会有很强的新鲜感，因此群里比较热闹，互动交流也比较多，但是时间一长，学生渐渐失去了新鲜感，对群里教师和管理员的通知和要求不能做到及时回应，有的群甚至变成了僵尸群。由于管理维护不理想，容易造成传达上的误会和失误。

（四）利用不好会影响学生的正常学习

严格来讲，利用社交软件交流沟通是教育中的重要组成部分，具有良好的发展前景，但是，在社交软件上聊天需要有相应的时间做基础，一些学生利用社交软件谈恋爱、聊天等，没有把时间和精力放在学习上，对学习内容涉及较少，这就在一定程度上对学生的学习造成了影响。

三、对社交软件在高校教育教学管理中应用的思考

（一）加强对社交软件应用的指导和规划

高校要加强对社交软件在教学应用中的规范和统一，制定管理办法，并根据每年的实际情况进行局部调整，以素质教育和创新教育为重点，分年度研究解决社交软件应用的重点、难点问题，不断寻求利用社交软件辅助教学改革新的突破口。高校要定期进行教育思想研讨活动。每年选择 1～2 个与社交软件相关的专题，在师生中深入开展教育思想研讨活动，不断强化现代教育理念，适时邀请相关专家教授来高校作社交软件和信息技术辅助教学的教育理论和教学改革学术讲座，有针对性地组织外出参观调研，定期组织学习研讨，通过各种途径和方式，使教师了解社交软件目前在高校中的发展形势，跟上教育改革的时代步伐。

（二）合理开发应用，积极启发思考

教师和有关管理人员要在建立社交群之后经常进行引导和互动，在运用之前进行认真的调试，保证其能够正常使用。在社交群内发布制作的课件和采用的信息化手段要充分考虑学生的需要和特点，积极发挥启发的作用，引导学生积极进行思考。要进行合理规划，把社交软件教学管理手段和传统教学管理手段有机结合，让学习更加直观形象、方便快捷，让学校和班级更具有感染力。同时充分发挥教师的教育引导作用，在师生积极互动中不断提高教学管理效果。此外，有条件的学校和教师还可以利用社交软件与学生进行远程视频授课交流，提供在正常教学过程中无法实现的教学环境，通过这些新技术的应用，增强课堂趣味性，有效激发学生的学习兴趣和创造力。积极搭建网络互动平台，拓宽高校教育教学管理途径、信息传播途径，为培养高素质人才打下良好的基础。在教学管理中，学校和教师可以建立专门的微信群、QQ 群、百度云等平台，把与学习相关的资料及时发到群里或者平台上供学生学习使用和交流讨论。要在校园网上及时开辟相关教学专区，组织教师和学生积极参与、及时更新，发布学习资料和励志故事，使学生在浓厚的学习氛围中潜移默化地受到影响。建立手机 APP 教学平台，方便学生查阅资料、观摩案例。

（三）加大信息化建设经费投入，完善信息化硬件设施

虽然目前各级院校都在强调社交软件等信息化手段在教学中的重要性，部分院校也进行了一些投入和建设，但毋庸置疑的是，在一些高校教学中信息化手段的运用还有差距，学校缺乏 Wi-Fi 等硬件设施，学生考虑到自身信息流量的费用问题，对设计软件不能充分利用。建议校方积极主动地适应信息化、网络化的时代要求，进一步提高对高校信息化教学建设的重视，不断加大信息化建设经费的投入力度，对免费 Wi-Fi 等硬件载体要逐项完善；要强化资金使用管理，建立信息化建设资金使用台账，确保专款专用。教育主管部门和院校要把社交软件等教学信息化手段建设作为单位和教师年度目标考核的重要内容，形成有针对性的目标考核体系，不断促进教学信息化手段的建设。此外，学校应加强图书信息资料建设，通过社交软件的存储传输功能，丰富信息图书馆藏，增加学生自学所需图书资料，进一步完善高校论文撰写数据库建设，做好电子阅览室扩建工作，实现图书馆信息网络系统升级，通过社交软件进行阅读交流，提高图书馆信息资料保障能力，为学生自学创造条件。

（四）加强教师信息素养培养，使其熟练掌握社交软件教学应用环节

虽然近几年来高校教师的信息素养有了很大的提升，但是离学生的需求还有差距，尤其是一些年龄较大的教师，习惯了传统的一根粉笔、一块黑板的教学模式，对社交软件等信息化知识掌握得较少，对社交软件还不能熟练操作。各级院校要注重加强对教师信息素养的提高，加大对相关信息化专业人才的引进力度。对新聘用的年轻教师，要增加计算机和网络管理相关知识的考核，积极选调精通计算机、网络技术及 APP 等软件制作的教学人才。要积极引进管理维护信息化设备的人才，加强平时的使用管理和日常维护。对稍微年长的老教师，要坚持问题导向，及时制订培养计划，通过送去信息专业院校进行培训、邀请信息专家来院校授课培训、组织社交软件等教学信息化手段运用好的教师登台谈经验等方式，逐步加强对教师信息化素养的培训，使其熟练掌握社交软件辅助教育管理的各个环节，不断提高高校利用社交软件教学管理的成效。

（五）加强学生学习管理，提高社交软件的使用效率

学生在校的主要任务是学习，通过在社交软件中经常提醒，弘扬正能量，让学生形成良好的思想品德和行为习惯，从而获得知识和技能。高校在利用社交软件教育学生的同时，必须把学习管理作为主要内容，采取思想政治教育、引导学习方向、开展学习竞赛、交流学习经验、恰当进行奖惩等科学的方法和手段，端正学生利用社交软件的目的，激发学生的学习热情和学习兴趣，培养学生的学习品质，充分调动学生学习的积极性、主

动性，引导学生不断改进学习方法，为学生创造良好的学习条件，增强学生的学习效果。高校要注意研究新时代学生管理的新特点，结合社交软件的利用，坚持科学管理与严格管理相结合、统一要求与个性发展相协调、行政管理与学习管理相统一，改变"家长式""保姆式"的管理方法，积极探索适应素质教育、创新教育要求的交流管理模式，为学生的全面发展提供必要的时间和空间，营造既严格正规又生动活泼的人才成长环境。

社交软件在教育教学管理中的应用是无法阻挡和回避的趋势，同时也是学校和教师进行教学管理的重要内容，学校和教师要加强学习，不断掌握利用社交软件辅助教学的技能，从而适应信息化新时代对高校人才培养的新要求。

第九节　案例教学在高校工商管理专业教学中的应用

随着社会经济的不断增长，我国对人才的要求标准也随之越来越高，这就对我国教育事业提出了新的要求及标准。在这样的时代背景下，对教育事业进行改革势在必行。案例教学作为一种新的教学方法开始被应用到工商管理专业教学之中，对工商管理专业教学工作起到了很大的促进作用。有鉴于此，本节笔者浅谈案例教学在工商管理专业教学应用中存在的问题，并提出几点解决措施，期望对我国工商管理专业教学的进一步发展有所帮助。

案例教学这一方法最早起源于美国的哈佛大学，主要是将案例作为教学材料，以此为基础在课堂上创造出一个教学情境，在教师的引导下通过教师与学生之间的交流以及学生的独立思考，在培养学生分析问题和解决问题能力的同时有效提高学生的应用能力。和传统教学方法不同，案例教学更注重培养学生的综合素质，其核心在于用理论知识对学生进行指导，最终目的是解决现实中的实际问题。虽然案例教学方法在我国高校工商管理专业中应用得非常多，但调查研究显示，教学效果却并不是很明显。有鉴于此，如何加强案例教学法的教学效果就成了当下我国高校工商管理专业工作人员亟待解决的一个重要问题。

一、案例教学方法的特点

理论与实践并重。通过案例教学方法可以将工商管理专业教学中的理论和实践有机结合起来，这主要是因为案例教学方法中选取的教学案例都是企业发展过程中实际发生过的案例，而工商管理专业的教学通过案例进行教学可以让学生在研究分析真实的案例的过程中，找出其中的问题所在，并通过研究探讨找出解决方法。如此一来，在加深学生对于理论知识印象的同时也有效地锻炼了学生的实践能力。

教学方法多样化。在工商管理专业教学工作中应用案例教学方法可以有效培养学生的应用能力和创造能力等多方面的综合素质。在进行教学的过程当中，教学方法呈现出多样化趋势，如案例预分析、小组讨论及课堂讨论等多种教学方法，让学生有充分的思考空间，有效地培养了学生的创造性思维和举一反三的应变能力。

师生互动。案例式教学是一种互动式教学方法，在该教学方法中，教师的作用主要是引导学生，将学生的学习积极性和互动性充分发挥出来，学生则从传统教学方法中的被动地位转变为主动思考的积极参与者，有效改善了传统教学方法中教学内容枯燥无聊的缺点，激发出学生学习积极性的同时有效加深了师生之间的关系，提高了教学效率。

二、高校工商管理专业案例教学中存在的不足

案例资源时效性较差。案例资源时效性较差是当前我国高校工商管理专业案例教学中的主要缺点之一。经调查研究显示，当前我国高校工商管理专业课堂案例教学中的教学案例大多是几年前的管理实例，无论是时效性、针对性，还是代表性，相对来说都比较差，已经无法满足当前我国高校工商管理教学工作的创新性要求。而且在当前我国高校工商管理专业案例教学中，教师在选择教学案例的时候，绝大多数是从书籍、报刊以及网络等渠道搜索的，许多案例都是国外MBA之中的教学案例。虽然从这些渠道找到的案例可以使学生对工商管理方面的专业知识有一个深入的了解，但是由于案例缺乏时效性，导致案例教学缺少严谨性，同时由于MBA中的案例和我国的企业文化有较大差异，导致学生无法完全理解这些案例中的内涵，最终造成案例教学方法的教学效果不佳。

教师综合素质不足。现今我国高校工商管理专业的教师学历普遍比较高，但是存在教龄不长及工商管理实践经验不足的问题。此外，在工商管理课程教学中，绝大多数教师的教学内容都偏于理论化，在进行案例教学的时候，教师由于自身不具备足够的教学经验以及实践经验，无法对案例进行严谨的组织和控制，同时也无法充分发挥出教师引导者的作用。除此之外，教师每天的工作量很大，缺乏足够的教学研究精力，因此在案例教学工作准备阶段，相应的组织能力、控制能力较弱，同时由于教师对于案例教学的重视程度不足，最终导致案例教学方法教学效果不佳。

学生综合素质不足。高等教育的大众化，使得高校学生的录取标准较以往有了一定程度上的放宽，这就导致部分学生的学习基础较差、专业适应能力较差以及积极性不足等综合素质不佳的问题；同时，高校学生在进行工商管理学习的过程当中，由于绝大多数学生在经历过高考之后学习精力大大下降，学习积极性严重不足，部分学生在面对案例教学的过程当中采用记笔记的学习方法，没有对案例进行深入思考，在进行讨论时也没

有积极参与，最终导致案例教学效果不佳。

三、提高案例教学的教学质量的措施

加强案例资源的整理和编辑。在工商管理专业案例教学中，案例的选择对教学效果有决定性的影响。因此高校领导要充分认识案例教学的重要性，重视案例教学，同时高校还可以招聘案例教学专业人员，成立案例教学研究小组，专门整理、编辑和收集工商管理案例，有效保证案例的时效性。此外，教师在进行案例教学的时候，一定要注意案例资源和实际教学之间的关联性，对于不同的案例采用不同的教学方法。比如，采用具备地方特色的案例资源进行教学的时候，就要以高校所处的环境和实际需求为出发点，选取具备地方特色的案例资源，借此有效吸引学生的注意力，提高案例教学的教学效果。

提高教师的专业素养。想要提高案例教学的效果，工商管理教师就必须具备广阔的知识面、丰富的实践经验和娴熟的教学技巧，因此高校必须加强工商管理教师的培训工作，将工商管理教师培养成有着丰富理论知识和实践经验的高素质教学人才，对此高校要做到以下三点：一是教师在开展教学工作时一定要经过专门的培训，让教师在进行案例教学的时候能够对教学理念、教学方法了如指掌，同时将理论与实践有效结合起来，提高教学效率；二是教师一定要对案例教学有十分深入的了解，因此高校应当组织教师进修并资助教师参与案例教学培训，借此有效提高工商管理教师的专业教学能力，同时高校还可以通过与企业开展合作的方式让教师去企业做管理工作，提高其实践能力；三是高校需要加强工商管理教师之间的合作学习，借此有效提高工商管理教师的专业能力，保证案例教学的教学效果。

激发学生的学习兴趣。高校在进行案例教学的过程当中要注意激发学生的学习兴趣。工商管理教育的最终目的是为了培养学生的管理能力、分析能力和实践能力，因此，教师在教学过程中应当营造以学生为主体的教学氛围，引导学生主动思考问题和分析问题，帮助学生克服懒惰心理，同时通过多样化教学来激发学生的学习兴趣，有效提高教学效果。

随着我国社会经济的飞速发展，企业对于人才的要求标准也越来越高，除了要求人才具备丰富的理论知识之外，还要求人才具备充足的实践经验，传统工商管理专业教学方法无法满足这一点，而案例教学方法却可以有效实现这一目的，因此，我国各大高校应对当前工商管理专业案例教学中存在的缺点进行研究分析，找出解决措施，将案例教学的效果充分发挥出来，从而为国家培养出更多理论与实践并重的高素质人才。

参考文献

[1] 刘宇,虞鑫,许弘智,等."双创"背景下创新教育的实践、效果与机制研究[J].现代教育技术,2015.25(11):106-112.

[2] 陈从军,姚健.双创背景下高校辅导员工作的思考与探索[J].科技创业月刊,2016.29(13):64-65.

[3] 刘国余.会计双语课程柔性教学模式探析[J].商业会计,2016(24):119-121.

[4] 杨思林,王大伟,唐丽琼,等."双创"背景下高校课程考试改革的思考[J].教育教学论坛,2016(46):77-78.

[5] 许彩霞.创新创业背景下应用型高校人力资源管理专业实践教学体系改革研究[J].鸡西大学学报,2016.16(4):23-26.

[6] 马一铭.大学生自主创业的困境与对策分析[D].西安理工大学,2015.

[7] 黄杰."许昌模式"背景下大学生创新创业教育模式探索[J].决策探索,2016(18):38-39.

[8] 孙海英."双创"背景下文科大学生创业现状、机遇及对策分析[J].成都航空职业技术学院学报,2016.32(4):15-18,22.

[9] 张格,高尚荣.以高职生学习动力机制为导向的高职教育教学改革[J].江苏科技信息,2016(34):37-39.

[10] 吴颖珊.高校教育教学改革的动力机制探讨[J].重庆科技学院学报(社会科学版),2012(01):165-167.

[11] 曹月盈.高校计算机基础教育创新教学模式探究:评《高校计算机教育教学创新研究》[J].教育评论,2017(5):166.

[12] 荆媛,唐文鹏.新时代下高校思想政治教育教学方法创新研究:以主旋律歌曲为视角[J].中北大学学报(社会科学版),2017,33(1):65-68.

[13] 周湘林.以学生学习为核心的高校教师教学评价方法创新研究[J].现代大学教育,2017(1):93-97.

[14] 华宝元.教育管理学四大范畴视角下高校体育教学管理创新研究[J].广州体育学

院学报,2017,37(1):107-109.

[15] 李小兵.互联网媒体视角下高校体育教学创新研究[J].赤子(下旬),2017(1).

[16] 吴小川.高校音乐教育教学模式的创新研究[J].魅力中国,2017(1).

[17] 王天恒.从毕业生质量追踪探究高等学校本科教学改革[D].西南交通大学,2007.

[18] 王淼.我国高校教育改革模式研究[J].教育现代化,2016,3(27):284-285+288.

[19] 苗峰.高校课堂教学管理现状及对策研究[J].兰州教育学院学报,2015.

[20] 李友良,何勇.高校教学管理信息化的现状及对策[J].教育与职业,2015.

[21] 柳亮.高校教学管理人员继续教育现状及对策[J].继续教育研究,2014.

[22] 王廷璇.浅析高校教学管理现状及改革对策[J].新西部(旬刊),2011.